DIE BESTEN WEINE DEUTSCHLANDS

Gault&Millau

Liebe Leserin,
lieber Leser,

Sie halten gerade ein Buch in Händen, das in seiner Form einzigartig ist. Ein Weinbuch nämlich, das ohne Auflistungen im Telefonbuchstil auskommt, denen es sowohl an Charme als auch an Übersicht fehlen würde, sondern vielmehr eines, das aus den Ergebnissen zahlreicher Verkostungen gekeltert wurde. Diese Verkostungen haben bis zuletzt im Rahmen unserer Regional-Guides und darüber hinaus stattgefunden – selbstverständlich unter Einbindung von Spitzen-Sommeliers, Winzern, Weinhändlern und Weinkennern, kurzum: von ausgesuchten Fachleuten. Und so können wir ein Werk über die eindrucksvollsten Weine des Landes vorlegen, das dem Anspruch der Marke Gault & Millau gerecht wird.

Dieses Buch zeigt nicht nur die Qualität, sondern auch die Diversität des deutschen Weins auf: Aus rund 8000 verkosteten Weinen haben wir 150 Empfehlungen von 150 verschiedenen Weingütern für Sie zusammengestellt, aufgeteilt in verschiedene Rebsorten und Kategorien wie „Riesling für jetzt" und „Riesling für die Ewigkeit", Weiß-, Grau- und Spätburgunder, Sekt und alles weitere, was die (deutsche) Weinwelt zu bieten hat. Der Mehrwert für Sie: Dank der von Gault & Millau durchgeführten Blindverkostungen werden Sie in diesem Buch ein paar wertvolle Entdeckungen machen und schöne Überraschungen erleben und ebenso köstliche wie preiswerte Alternativen zu Weinen „für die Ewigkeit" finden, die man nicht noch ein paar Jahre reifen lassen sollte, sondern gleich genießen kann.

Darüber hinaus finden Sie auf diesen 240 Seiten Porträts von zehn Winzer-Ikonen, die das Bild der deutschen Spitzenweine auch im Ausland entscheidend mitgeprägt haben: große Namen, die von Gault & Millau erstmals mit fünf roten Trauben bedacht und auf diese Art noch nie porträtiert wurden. Und auch im Vorfeld nicht wussten, dass sie sich in diesem Buch wiederfinden werden. So sind – in Wort und Bild – sehr persönliche Geschichten entstanden, die die Menschen hinter dem Produkt vor den Vorhang holen. Ganz so, wie Sie es von Gault & Millau gewöhnt sind.

Zum Abschluss bleibt noch zu sagen: Dieses Buch ist für alle gemacht, die sich für Wein interessieren, für Kenner und für Einsteiger, für Liebhaber einzelner Rebsorten und für all jene, die (noch) neugierig sind – ein Nachschlagewerk für Wein-Sammler, aber auch ein Ideengeber für weitere Einkäufe.

Wir wünschen Ihnen viel Spaß beim Lesen. Am besten, Sie tun dies in Begleitung eines guten Glases deutschen Weins.

Ursula Haslauer
Executive Publisher

Otto Geisel
Leiter des Expertenrats

Ursula Macher
Chefredakteurin

Inhaltsverzeichnis

Auf dem Sprung

Sie sind etabliert und blicken auf Hunderte Jahre Tradition zurück, oder sie haben erst vor ein paar Jahren begonnen, ihren Traum zu leben. Sie produzieren knochentrockenen Riesling und (spinnweben-) zarte Spätburgunder. Sie sind am südlichsten Zipfel Deutschlands am Bodensee oder weiter nördlich in Thüringen bei Erfurt am Werk. Und sie sind ältere Herren oder ziemlich junge Damen. Und sie haben alle eines gemeinsam: Sie produzieren Weine, auf die man ein Auge haben sollte. Weine, die jetzt schon eine Wucht sind – oder eine große Zukunft versprechen. Also denken Sie daran, sich diese Damen und Herren zu merken – und vor allem ihre Weine zu probieren.

2017 SPÄTBURGUNDER „RESERVE"
Lisa Bunn, Rheinhessen

DER WEIN Es war ein herausfordernder Jahrgang mit Frost, Starkregen und Hagel, dann aber noch viel Sonne im Spätsommer. Nach zwei Jahren im Barrique und einem Jahr Flaschenreife durfte sich dieser Spätburgunder dann zeigen: vielschichtig im Geschmack, geprägt von Röstaromen und rotbeerigen Früchten, mit einem verführerischen Duft von Sauerkirsche und Waldboden in der Nase.

DAS GUT 2013 gründeten Lisa Bunn und Bastian Strebel dieses Weingut in Nierstein im Herzen von Rheinhessen – als Zusammenschluss ihrer elterlichen Betriebe. So konnte das junge Paar gleich mit einem beeindruckenden Sorten- und Lagen-Portfolio starten. Die eigene Handschrift im Keller wird durch Spontanvergärung, langen Hefekontakt und Holzausbau sichtbar.

www.weingut-bunn.de

2018 CRUCISSTEIG
Joern Goziewski, Saale-Unstrut

DER WEIN Die „Süddeutsche" nannte die Region Saale-Unstrut eine „Wundertüte" für Weinliebhaber. Aus dieser zog Jörn Goziewski seinen „Crucissteig", eine harmonisch komponierte Rotwein-Cuvée aus den Sorten Frühburgunder, Zweigelt und Regent. Ein mitteldeutscher Landwein, der neugierig macht, womit diese Wundertüte künftig noch gefüllt sein wird.

DAS GUT Schon während seiner Zeit im Rheingau ließ er mit unorthodoxen Rieslingen aufhorchen, aber seit der Rückkehr in seine Heimatstadt Erfurt zieht Jörn Goziewski noch mehr Aufmerksamkeit auf sich. Ein Premium-Weingut will er werden, und das scheint nicht zu hochtrabend zu sein, wurde er doch gleich nach der Präsentation seiner ersten Saale-Unstrut-Weine als neuer Stern am Winzerhimmel gefeiert.

www.joernwein.de

2018 NIEDERHAUSEN HERMANNSBERG RIESLING
Gut Hermannsberg, Nahe

DER WEIN Auf dem einzigartigen Tonschieferboden der Monopollage Hermannsberg reifen laut Kellermeister Karsten Peter versteckte Talente. Wobei dieser Wein keineswegs verbirgt, dass er herrlich ausbalanciert ist, und auch mit seinen kräftigen Zitrusfrucht-Aromen hält er nicht hinter dem (Hermanns-)Berg. Ein ungemein harmonischer Riesling mit beeindruckender Länge.

DAS GUT In den Jahrzehnten nach seiner Gründung als königlich-preußische Domäne im Jahr 1902 kam das Gut vor allem durch edelsüße Weine zu Ruhm und Anerkennung. Unter der Führung von Christine Dinse und Jens Reidel, die das Weingut 2009 übernahmen, entwickelte sich dieser Betrieb zu einem der besten deutschen Spezialisten für trocken ausgebaute Rieslinge.

www.gut-hermannsberg.de

2019 WISSELBRUNNEN RIESLING
Urban Kaufmann, Rheingau

DER WEIN Nein, dieser Wein hat so gar nichts Zurückhaltendes, sondern verkündet vielmehr voller Stolz und mit entsprechender geschmacklicher Wucht: Seht her, was ich kann – und staunet! Ein klarer, komplexer und dynamischer Riesling voller Finessen aus der Toplage des Weinguts. Dieser Riesling ist nichts für besinnliche Stunden, da kann ruhig die Post abgehen. Tut's beim Wein selbst ja auch.

DAS GUT Er ist ein interessanter Mann, dieser Urban Kaufmann. In seinem Vor-Winzerleben leitete der gebürtige Schweizer eine Appenzeller Käserei, ehe er 2013 das Weingut Lang in Hattenheim im Rheingau kaufte und mit seinem Namen versah. Mit seiner Partnerin Eva Raps führt er den seit 2017 Demeter-zertifizierten Betrieb streng biodynamisch.

www.kaufmann-weingut.de

Auf dem Sprung

Weingut am Nil

Kallstadt Pfalz

Herren berg 2018 Riesling

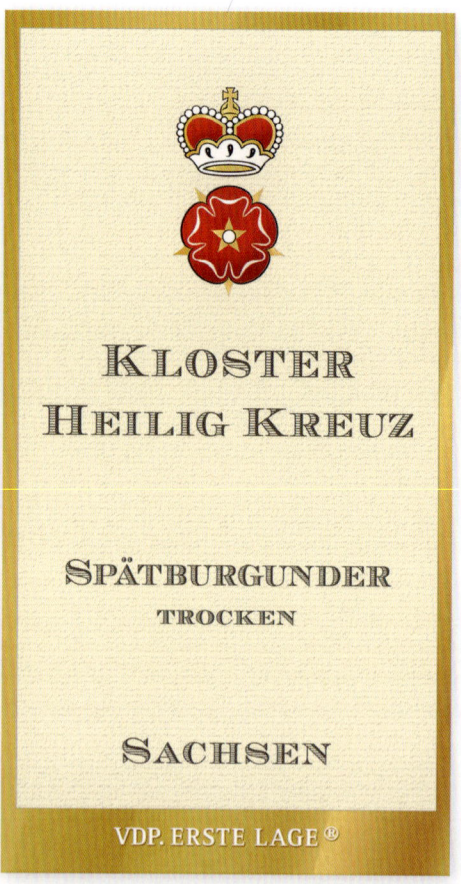

KLOSTER HEILIG KREUZ

SPÄTBURGUNDER TROCKEN

SACHSEN

VDP. ERSTE LAGE ®

SCHMIDT AM BODENSEE 2017 Spätburgunder

von 1000 MOSEL alten Reben

SORENTBERG

RIESLING

ROTSCHIEFER

2018 HERRENBERG RIESLING
Weingut am Nil, Pfalz

DER WEIN Die Rieslingreben der Ungsteiner Lage Herrenberg sind mehr als 30 Jahre alt und besonders sonnenverwöhnt, was sich in feinfruchtigen und agilen Weinen niederschlägt. Mit Anklängen von Zitrusfrucht und grünem Apfel steigt dieser Riesling in die Nase, ehe er am Gaumen ein mitreißendes Säurespiel entfaltet. Fruchtig, saftig, kräftig – einfach gut.

DAS GUT Der Löwe ist seit dem 15. Jahrhundert das Wahrzeichen des Ortes Kallstadt – und der lila Löwe das Symbol des von Christine Andrea Ludt geführten Weinguts am Nil. Am Nil? Nun, so heißt eine der historischen Kallstadter Lagen, und da hat man sich marketingtechnisch einfach draufgesetzt. Schließlich sollen ja auch in die Vinothek und in das Restaurant beim Weingut viele Menschen kommen.

www.seieinlilaloewe.de

2018 KLOSTER HEILIG KREUZ SPÄTBURGUNDER
Schloss Proschwitz Prinz zur Lippe, Sachsen

DER WEIN Früher wurden in den Proschwitzer Weinbergen Messweine für ganz Sachsen produziert. Gut, dass die Weine aus Meißen seit der Reformation auch für den weltlichen Genuss freigegeben sind. Hier liegt ein eleganter Spätburgunder mit feiner Stilistik vor. Rotbeerige Aromen und eine rauchige Holznote prägen diesen stimmigen, lebendigen Wein.

DAS GUT Nach einer wechselvollen, 850 Jahre zurückreichenden Weinbaugeschichte ist Schloss Proschwitz heute das älteste private Weingut in Sachsen. Bewirtschaftet werden die ehemaligen Weinberge des Bischofs von Meißen, des Abtes von Altzella und des Klosters zum Heiligen Kreuz links der Elbe. Neben dem Weinbau hat sich Schloss Proschwitz auch als kulturelles Zentrum etabliert.

www.schloss-proschwitz.de

2017 SPÄTBURGUNDER
Weingut Schmidt am Bodensee, Baden

DER WEIN Hier am Bodensee wollen sie feine, präzise Weine machen, bei denen es nicht um die Wucht, sondern um stimmige Proportionen geht. Und das gelingt – auch bei diesem weichen Spätburgunder, der sich wunderbar strukturiert zeigt und schon ziemlich präzise zu verstehen gibt, was die Winzer mit ihrem speziellen Bodensee-Schmidt-Stil meinen könnten.

DAS GUT Eugen Schmidt war eigentlich Winzer im Nahetal, aber die Liebe zu seiner Margret zog ihn an den Bodensee. Die Früchte dieser Verbindung wachsen heute nicht nur auf den zehn Hektar in den Weinbergen unweit des Seeufers, sondern arbeiten auch im Betrieb mit: Die Söhne Sebastian, der als Kellermeister überzeugt, und Maximilian sind längst in diesen Familienbetrieb eingebunden.

www.schmidt-am-bodensee.de

2018 RIESLING „VON 1000 ALTEN REBEN"
Weingut Sorentberg, Mosel

DER WEIN Die Lage Reiler Sorentberg ist mit ihrem einzigartigen Terroir, dem roten Wissenbach-Schiefer und der extremen Steilheit schon außergewöhnlich. Im obersten Teil wurden aber 1000 völlig verwilderte alte Reben rekultiviert, denen ein bemerkenswerter Riesling entspringt: ungemein präsent am Gaumen, mit feiner Kräuter- und ausgeprägter Schieferwürze.

DAS GUT 25 Jahre lag dieser steile Südhang in einem Seitental der Mosel brach, ehe Tobias Treis und Ivan Giovanett die fast vergessene Einzellage 2011 in mühevoller Handarbeit rekultivierten. Die beiden haben gemeinsam in Geisenheim studiert und sind auch in den elterlichen Weingütern Julius Treis (Mosel) und Castelfeder (Südtirol) tätig.

www.sorentberg-riesling.de

2019 ILBESHEIMER KALMIT RIESLING „KALKSTEIN"
Weingut St. Annaberg, Pfalz

DER WEIN Die Kleine Kalmit ist nicht nur bekannt wegen der Gipfelkapelle, die das Wahrzeichen von Ilbesheim ist, sondern eigentlich wegen der Weißburgunder, die ihr entspringen. Aus den paar Rieslingzeilen, die einen Jahresertrag von nur 525 Litern erbringen, entstand hier ein blumig-verspielter, feinwürziger und exzellenter Wein.

DAS GUT Sie entstammt der bekannten Lergenmüller-Dynastie, hat sich aber mit St. Annaberg in Burrweiler ein eigenes kleines Boutique-Weingut zugelegt, wo sie ihre große Weinliebe auslebt, denn das Motto von Victoria Lergenmüller lautet: „Wein ist mein Leben und Riesling mein König." Und diesem König huldigt sie Jahr für Jahr mit großen Weinen.

www.sankt-annaberg.com

2020 SAUVIGNON BLANC „TERRA ROSA"
Weingut Weedenborn, Rheinhessen

DER WEIN Er ist der Lieblingswein der Chefin, und das merkt man dem Sauvignon Blanc in allen drei Ausbaustilen, in denen er bei Weedenborn vinifiziert wird, auch an. Hier liegt ein charakteristischer, mineralischer Wein vor, der von feiner Säure umschlossen wird. Es ist ein ausdrucksstarker Sauvignon, der dennoch eine vornehme Zurückhaltung an den Tag legt.

DAS GUT Gesine Roll bewirtschaftet in Monzernheim, das auf der höchsten Erhebung Rheinhessens liegt, und in Westhofen 20 Hektar Rebfläche. Was sie in ihren Weinen schmecken will, sind Eleganz und Zugkraft – und beides bringt sie auch rein. Nicht nur bei ihrer bevorzugten Sorte Sauvignon Blanc, sondern auch bei Chardonnay und Riesling.

www.weedenborn.de

Aufsteiger, Einsteiger: Betriebe, die man im Auge behalten sollte

Listen mit Dingen, die man sich merken sollte, kann man ja in vielen verschiedenen Bereichen anlegen. Seien es Lokale, die unbedingt noch einmal besucht werden wollen, Bücher, die man jetzt ganz unbedingt in Angriff nehmen will, oder Serien und Filme, die einen schon länger interessieren. Beim Blick auf die ganz persönlichen Liste fällt auf: Da sind natürlich viele Neuheiten dabei, aber an sogenannten Klassikern fehlt es auch nicht. Und genau so sind wir auch an die Erstellung unserer Merkliste herangegangen. Denn es sind ja nicht immer nur die Neueinsteiger, die begeistern. Auch traditionelle Betriebe mit langer Historie können neu entdeckt werden, erfinden sich und ihren Stil neu, begeistern ebenso wie die Jungen und Neuen in der Szene. Egal, ob Quereinsteiger, Nachfolgerinnen oder Betriebsneuausrichtungen, auch in der Weinwelt ist nichts in Stein gemeißelt, auch hier steht die Zeit nicht still. Und Innovation kann sich sehr unterschiedlich ausdrücken. Vielleicht lässt ein Betrieb der nachfolgenden Generation völlig freie Hand, und dann gibt es zum ersten Mal einen maischevergorenen Naturwein („Orange") im Portfolio, eine neue Cuvée, an die sich noch keiner herangetraut hat, oder es wird mit unterschiedlichen Holzarten bei Fässern experimentiert. Bei anderen Betrieben wiederum mag es zum Umdenken in Mengenproduktion und Qualitätsausrichtung kommen – und da kann es dann schon einmal passieren, dass in der Blindverkostung echte Überraschungen auf die Verkoster warten, die der Meinung waren, ein Weingut eigentlich sehr gut zu kennen. Die Umstellung auf Bio ist ebenfalls ein Thema, mit dem sich nicht nur junge Winzerinnen und Winzer heute viel intensiver beschäftigen als früher. Gerade beim Weinanbau ist der Klimawandel auch in Deutschland schon jetzt spürbar und verlangt nach neuen Ideen oder der Wiederentdeckung ganz alter. Eine Veränderung der Vertriebswege kann ebenfalls Innovationen hervorbringen: Wer sich einst auf lokalen Vertrieb an Endkunden spezialisiert hat und nun die Gastronomie in den Fokus nimmt, wird auch hier frische Inspirationen, Ideen und Anregungen finden. Denn es ist doch so: Wer stehen bleibt, den überrascht nichts mehr. Und wer Neues wagt, der braucht Mut. Denn natürlich kann es Fehlschläge geben, es können Dinge schiefgehen. Wer an diesem Punkt weitermacht, sich treu bleibt (oder vielleicht auch gerade nicht), der wird oft genug belohnt – und inspiriert mit seiner Lust am Aufbruch auch andere. Mit dieser Liste wollen wir auch Ihnen Mut machen, sich auf Neues einzulassen, die Entdeckungsfreude und Neugier nicht zu verlieren, sich auch einmal auf Unkonventionelles einzulassen. Denn wo geht das schöner als beim Thema Wein? Eben! Wir sind begeistert von unseren Entdeckungen und wollen Sie mit unserer Begeisterung anstecken und Ihnen Lust aufs Probieren machen.

Eva Adler ist Sommelière und Weinhändlerin. Nach einem kurzen Ausflug in die Welt der BWL folgte sie ihrer Leidenschaft für Wein und absolvierte nach ihrer Ausbildung bei einem Wein-Großhandel eine Weiterbildung zur Sommelière an der IHK München. Sie liebt Wein und ist manchmal noch immer erstaunt, mit welch schönem Thema sie ihr Berufsleben füllen darf.

Chardonnay

Als Weißweinnation spielt Deutschland traditionell in der Riesling-Champions-League – und daran wird sich wohl so bald nichts ändern (Und warum sollte es?). Aber auch in der Weltmeisterschaftsdisziplin Chardonnay drängen immer mehr deutsche Weingüter ins Finale. Die Weine, die deutsche Winzerinnen und Winzer aus dieser weltweiten Benchmark-Sorte keltern, machen nun schon seit einigen Jahren tatsächlich sehr viel Lust auf den internationalen Vergleich. Die zehn Exemplare, die wir Ihnen auf den folgenden Seiten vorstellen, gehören jedenfalls in den WM-Kader – wir trinken sie aber auch sehr gerne nur für sich, ganz entspannt und zu Hause.

2019

CHARDONNAY

ADAMS
WEIN

AW

KALIBER

25

EMIL**BAUER**
PFALZ

B

SKY & SAND
CHARDONNAY

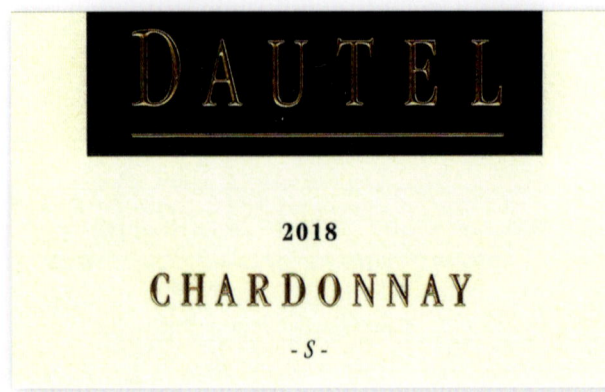

DAUTEL

2018
CHARDONNAY

- S -

HEITLINGER

HEINBERG

GG

2019 KALIBER 25
AdamsWein, Rheinhessen

DER WEIN Der Name des Weins rührt von der Jagdleidenschaft der Winzerin her. Man darf sich also wohl wirklich den Reim darauf erlauben, dass dieses 25er-Kaliber ganz schön treffsicher gerät: straff, elegant, keine Schminke, dafür Apfel, Lindenblüte, ein wenig Vanille und Brioche, dazu schöne Fruchtsäure und eine Prise Salz. Voll ins Schwarze.

DAS GUT In Ingelheim im Weinbaugebiet Bingen folgt Simone Adams einer angenehm eigenwilligen und sehr zeitgemäßen Sicht der Wein-Dinge: Sie strebt nicht nach maximalem Extrakt und üppigem Volumen, sondern nach Eleganz und Klarheit, ihre Weine sind durchwegs biodynamisch angebaut, spontan vergoren, ungeschönt und unfiltriert abgefüllt. Weinbau von heute – die Zukunft kann kommen.

www.adamswein.de

2019 SKY & SAND
Emil Bauer & Söhne, Pfalz

DER WEIN Der kecke Name gibt den Weg vor, und er führt nach Süden: exotische Aromen von Mango bis Passionsfrucht, vom 500er-Fass nur sehr subtile, aber doch merkbare Holznoten, schöner Säurekern, dazu ein Hauch Karamell – ein fokussierter Wein, der mit beiden Beinen im Sand steht und den Himmel vor Augen hat. Ein klarer Fall von Bauer-Power.

DAS GUT An der Südlichen Weinstraße tut sich was, und wie! Alexander und Martin Bauer – auch in der Vermarktung gern für große Gesten und eine Prise Provokation zu haben – haben in den vergangenen Jahren vor allem mediterrane Rotweinsorten ausgepflanzt, Pfälzer Grenache und Barbera sind also keine Zukunftsmusik mehr; das Burgund ist hier aber natürlich auch nie weit.

www.bauerwein.de

2017 „S"
Weingut Dautel, Württemberg

DER WEIN „Ein Versprechen für die Zukunft" schmeckten unsere Verkoster. Man kann es freilich aber sehr gut auch schon jetzt einlösen: ein aufregender Wein, intensiv und klar, der reife Frucht, Salzigkeit und Spannung im Dreiklang anstimmt; zwölf Monate im gebrauchten kleinen Holzfass, spontane Gärung – und ja, natürlich: noch viel Zukunft.

DAS GUT Das Streben nach Erneuerung, das Begehen eigener Wege war im Hause Dautel zu Bönnigheim schon vor Christian Dautel, der das Gut heute in 21. Generation leitet, ein Thema. Wegweisend etwa die Initiativen seines Vaters Ernst, der schon vor 35 Jahren international orientierte Rotwein-Cuvées kultivierte und – gegen einigen Widerspruch – erste Chardonnay-Reben an den Neckar holte. Der Weg war ein eigener, das Ziel ist Einzigartigkeit.

www.weingut-dautel.de

2018 HEINBERG
Weingut Heitlinger, Baden

DER WEIN Ein Chardonnay aus der Lage Heinberg, südwestlich ausgerichtet, im Schnitt 40 Grad geneigt, Kalkmergel-Untergrund – kurz: beste Kraichgauer Burgunderlage. Kellermeister Daniel Rupp hat hier die klare Chardonnay-Stilistik herausgearbeitet, aber mit individueller Handschrift vinifiziert: Ananas, Apfel und Melone, etwas Nuss, etwas Eukalyptus, dynamischer Holzeinsatz, enorme Länge.

DAS GUT Mitten im Kraichgau haben Heinz Heiler und Claus Burmeister ein echtes Burgunder-Kompetenzzentrum errichtet – neben Chardonnay, Pinot Blanc und Pinot Noir haben sie auch Auxerrois oder Pinot Meunier im Repertoire; Kellermeister Daniel Rupp weiß mit diesen und jenen äußerst elegant umzugehen.

www.heitlinger-genusswelten.de

Chardonnay

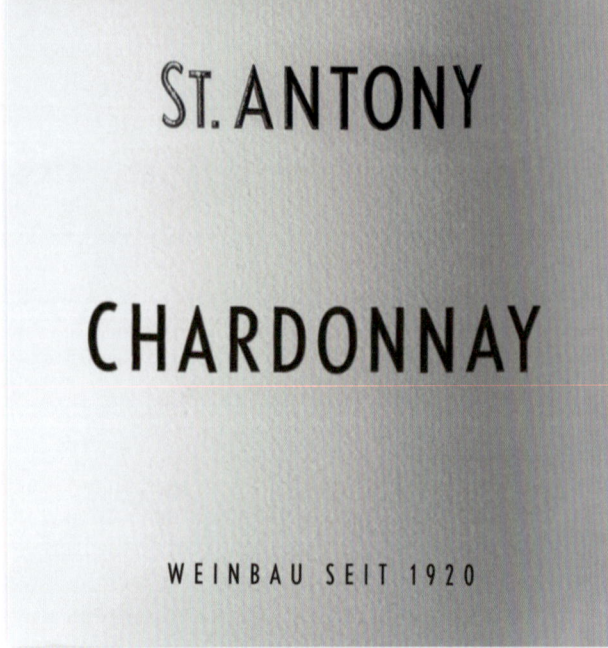

2019 GRANDE RÉSERVE
Bernhard Koch, Pfalz

DER WEIN Der kalkige Untergrund der Lage Hainfelder Letten liegt hier als Grundton unter einem vielstimmigen Aromenspiel, das aus einer Selektion der besten Fässer dieses Jahrgangs hervorgegangen ist – exotische Frucht, straffe Säure, aber doch sehr harmonische Würze, im Moment vielleicht noch mit ein paar Ecken oder Kanten. Ja, diese Große Reserve darf – wenn man warten kann – ruhig noch ein paar Jahre bis zur Höchstform reifen.

DAS GUT Bernhard Koch meint, der Winzer solle lieber sich selbst im Weingarten quälen als den Wein im Keller. Und so macht er es dann auch: großer Aufwand an den Reben, kleiner Eingriff im Keller – hier ist seit Ende 2013 Chie Sakata als Kellermeisterin verantwortlich. Am stattlichen Portfolio des Weinguts, in dem Guts- und Lagenweine gleichermaßen hoch geschätzt werden, wirkt inzwischen auch der Juniorchef Alexander mit (die Sekt-Linie bleibt freilich die große Leidenschaft des Seniors).

www.weingut-bernhard-koch.de

2019 ABYSSUS
Uli Metzger, Pfalz

DER WEIN Auch preislich reicht Uli Metzgers Top-Chardonnay durchaus in die Weltspitze hinein; das Selbstbewusstsein erscheint uns allerdings berechtigt: Dieser „Abyssus" ist ein höchst individueller Wein, ein Solitär unter den deutschen Chardonnays. Die Verkoster schmeckten – neben sehr viel anderem – etwa auch „Aromen von Teer und nasser Straße". Eher nichts für Einsteiger, zugegeben, aber mit einer gewissen Flaschenreife ein großer Gewinn, und zwar nicht nur für Profis.

DAS GUT Den rezenten Aufstieg der Nordpfalz erlebte Uli Metzger nicht nur vom Spielfeldrand aus, denn er weiß sehr wohl, wie wichtig es ist, gute Weine nicht nur zu machen, sondern auch darüber zu reden. In seinem Fall wären das seine frischen, aber zupackenden Weine, die zu einem schönen Teil aus alten Anlagen stammen und eine große Bandbreite von Riesling über Gewürztraminer bis Tempranillo umfassen.

www.weinmetzger.de

2020 CHARDONNAY
St. Antony, Rheinhessen

DER WEIN Ein Basiswein mit Spitzenwerten – das kann und soll man sich ruhig einmal auf der Zunge zergehen lassen. Aus dem Niersteiner Paterberg, in gebrauchten Barrique-Fässern vergoren, ein moderner, aber nicht modischer Chardonnay von erfreulich großer Eleganz; Zitrus, Pfirsich, feine Cremigkeit – ein sonniges Gemüt.

DAS GUT Vor 100 Jahren von der Niersteiner „Guten Hoffnungshütte" gegründet und nach deren Schutzpatron benannt, verfügt das Weingut heute über 60 Hektar Rebflächen, die zum größten Teil am Roten Hang liegen, seit 2018 Demeter-zertifiziert biodynamisch bewirtschaftet und in den Steillagen ausschließlich von Hand gepflegt werden. Ja, das ist harte Arbeit. Ja, sie zahlt sich aus. Und ja, Dirk Würtz als Geschäftsführer und Sebastian Strub als Kellermeister sind ein gutes Team.

www.st-antony.de

2018 FOHBERG
Weingut Trautwein, Baden

DER WEIN Es gibt Weine, die auf eine ganz besondere Weise in sich ruhen. Das lässt sich nicht an einem Geschmacksprofil festmachen, sondern nur an der Gesamtheit der Wirkung. Im Trautwein'schen Chardonnay vom Fohberg ist dieses Phänomen besonders stark ausgeprägt – hier ist alles in Balance, die Birnen- und die Vanillearomen, die leicht pfeffrige Würze und der saftige Extrakt, das Volumen und die Struktur.

DAS GUT Seit vier Jahrzehnten wird das Gut am Kaiserstuhl biologisch bewirtschaftet, seit 2004 nach Demeter-Richtlinien. Und auch die aktuelle Generation, Anne-Christin Trautwein und ihr Mann Christoph, schauen nach vorn, denn „Familientradition seit 1649 bedeutet für uns nicht, alles wie immer zu machen. Es heißt für uns Verantwortung" – für die Natur, für den Wein, für das Sein.

www.trautweingut.de

2018 GEISBERG
Weingut Wageck, Pfalz

DER WEIN Reben mit original burgundischem Stammbaum, im tertiären Kalk verwurzelt, selektive Lese, Spontangärung und Ausbau im Barrique – die Richtung ist sehr deutlich, und der Wein hat sein Ziel schon fast erreicht: Seine einprägsam komplexen Aromen (Schwarztee, Mandel, aber auch ein wenig Feuerstein; trockene Frucht und kühle, erdige Würze, schöne Salzigkeit) sollten sich mit ein bisschen Zeit noch zu endgültiger Raffinesse entfalten, das Warten wird sich lohnen.

DAS GUT Frank und Thomas Pfaffmann leiten das Weingut in Bissersheim in fünfter Generation und mit erstklassiger Ambition: Mit naturnahem, terroirgeprägtem Weinbau (dementsprechend auch fokussiert auf die hier prädestinierten Sorten Chardonnay und Spätburgunder) streben sie mit großen Schritten an die Spitze des Landes.

www.wageck-weine.de

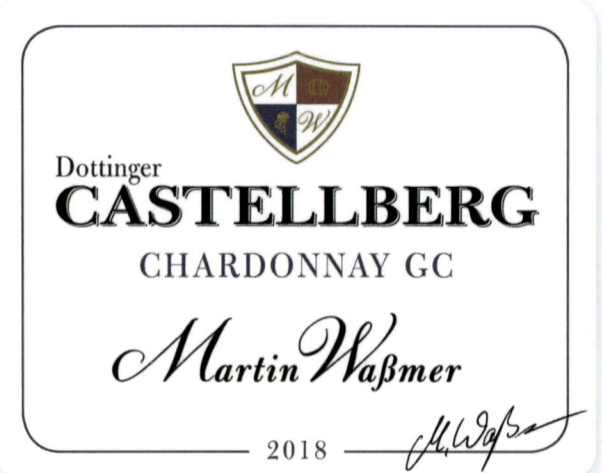

2018 DOTTINGER CASTELLBERG
Martin Waßmer, Baden

DER WEIN Gibt es so etwas wie höfliche Weine? Dieser hier wäre so einer: Er begrüßt einen durchaus zurückhaltend, sogar fast ein bisschen kühl, entwickelt sich im Lauf der Begegnung aber zu enormer Großzügigkeit, tischt Nougat auf und gebrannte Nüsse, ein bisschen Butter, Vanille wohl auch – und umarmt einen zum Abschied noch einmal ganz lang.

DAS GUT Ende der 1990er-Jahre verließ Martin Waßmer die lokale Winzer-Genossenschaft und begann, seine eigenen Weine zu machen. Das zunächst noch unausgesprochene Ziel: ein eigener, Markgräfler Burgunderstil. Und siehe da: Martin Waßmer fand, was er suchte. Seine Weinberge sind dicht bepflanzt, der Ertrag bleibt konsequent begrenzt; im Keller wird spontan vergoren und im Barrique ausgebaut, am Ende stehen dichte, ausdrucksstarke Weine, die nur eine Zielvorgabe kennen – und vielleicht die beste, die es gibt: Sie müssen zum Lieblingswein taugen.

www.weingut-wassmer.de

Ein Wein für die Welt

Gibt es einen Must-have-Wein für geselliges Weintrinken, für den Klimaschrank oder für den gut sortierten Keller? Meiner 30-jährigen „Trinker-Erfahrung" nach glaube ich das sehr wohl.

Ob an der Côte de Beaune, im Chablis, im Napa Valley oder in deutschen Anbaugebieten, Chardonnay war und ist eine der beliebtesten Rebsorten der Welt. Mit ihren zahlreichen Spielarten begeistert und fasziniert sie zugleich. Ob für das berühmte Food-Pairing, als 24/7-Wein oder als hochpreisige Rarität im Wein-Safe, Chardonnay ist ein übergreifender Alleskönner.

Als ich Anfang der 90er-Jahre in die Weinwelt eintauchte, brach gerade im vinophilen Südwesten Deutschlands die Chardonnay-Manie aus. Mit Ehrfurcht schaute man schon lange auf die ganz Großen wie Ramonet und Coche-Dury aus dem Burgund oder Alois Lageder und Angelo Gaja in Italien, und plötzlich fand man Winzernamen wie Knipser, Johner und Wehrheim in den Chardonnay-Spalten der Weinkarten – die Chardonnay-Faszination hatte um sich gegriffen.

Inzwischen ist auch der darauf folgende Backlash wieder vorbei. Die aus zu viel Opulenz und zu heftigem Holzeinsatz, im Grunde aus einem zu viel an allem resultierende Chardonnay-Übersättigung und die daraus in Kalifornien geborene ABC-Welle (Anything But Chardonnay) ist wieder abgeebbt und es ist endlich wieder geschmackliche Entspannung eingekehrt. Wir können uns also in aller Ruhe und ohne Scheuklappen mit diesen großen Weißweinen, die – zumindest mit burgundischer Provenienz – zurzeit das Maß aller Dinge zu sein scheinen, beschäftigen und uns ganz genau anschauen, was deutsche Winzerinnen und Winzer aus dieser weltweiten Benchmark-Sorte so machen. Und wenn wir die folgenden zehn Weine als Maßstab nehmen, dann muss man sagen: Sie machen das Allerbeste daraus – nämlich Weine, die den internationalen Vergleich wirklich nicht scheuen müssen.

Jens Pietzonka ist seit 1990 im Auftrag des guten Geschmacks unterwegs. Stationen wie dem Restaurant Imperial / Bühlerhöhe, der Schwarzwaldstube / Traube Tonbach, dem Harlekin / Esplanade Berlin, dem Söl'ring Hof auf Sylt, der Villa Merton in Frankfurt und dem bean&beluga in Dresden folgte im Jahr 2015 seine eigene Weinbar, die Weinzentrale in Dresden.

Chardonnay

EINE FRAGE DER EHRE

Er ist einer der beeindruckendsten Jungwinzer Deutschlands, aber seinen Karrierestart hätte sich Julian Huber ganz anders gewünscht. Sein Vater Bernhard, den sie „König des Spätburgunders" nannten, starb mit gerade mal 55 Jahren, und Julian musste übernehmen. Er führt das Gut mit eigenen Ideen im Kopf und dem Vermächtnis des Vaters im Herzen.

WEINGUT BERNHARD HUBER

INHABER	Barbara & Julian Huber
GRÜNDUNG	1987
REBFLÄCHE	28 Hektar
PRODUKTION	120.000 Flaschen
LAGEN	Bienenberg, Köndringer Alte Burg, Schlossberg, Sommerhalde, Wildenstein,
REBSORTEN	Spätburgunder, Chardonnay (Hauptrebsorten)

Weingut Bernhard Huber

Die badische Sonne tut nicht nur den Rebstöcken am Weingut Bernhard Huber gut, sondern auch den Büschen und Blumen, die Barbara Huber liebevoll pflegt.

Gelenkigkeit, Geduld und die Fähigkeit, mucksmäuschenstill in ein und derselben Position zu verharren – das waren die Voraussetzungen, die Julian Huber, Chef des Weinguts Bernhard Huber in Malterdingen im Breisgau, für seine erste Weinverkostung zu erfüllen hatte. Er musste dafür nämlich mit seiner Schwester unter den schweren Tisch in der Probierstube des elterlichen Guts kriechen und dort regungslos warten, bis sich die Gäste durch alle Stadien der Weinseligkeit genippt hatten und endlich den Heimweg antraten. Erst als die Luft rein war, kroch das Geschwisterpaar unter dem Tisch hervor und nahm kleine, verbotene Schlucke von den Resten in den Gläsern.

Gerade einmal zwei Jahrzehnte ist dieser Kinderstreich her, aber passiert ist in dieser Zeit so viel, dass Julian als Anfang-Dreißiger schon über einen Erfahrungsschatz verfügt, für den die meisten deutlich älter werden müssen. Wobei auch er sich gerne etwas länger Zeit gelassen hätte, um zu dem heranzureifen, was er ab 11. Juni 2014 sein musste: der Verantwortliche in einem der Spitzenweingüter im Badischen – mit damals gerade einmal 24 Jahren und in einer Lebensphase, in der sich eine Fülle neuer Eindrücke und Erfahrungen noch ziemlich unsortiert im Kopf des jungen Mannes tummelten.

Aber an diesem 11. Juni 2014 starb Julians Vater Bernhard Huber an Krebs. Gerade einmal 55 Jahre alt war der nicht nur in Wein-Angelegenheiten penible Patriarch geworden, den sie in Baden ehrfürchtig „Burgunderkönig" nannten. Aus dem Leben gerissen am Zenit seines Erfolgs, den Kopf noch prall gefüllt mit Ideen für die Weiterentwicklung seines Lebenswerks, an das er auch seinen Sohn so gern bedächtiger und mit kleineren Schritten herangeführt hätte. So musste aber alles sehr schnell gehen, denn Bernhard Huber wusste nach der Diagnose im Jahr 2012, dass ihm nicht mehr viel Zeit bleiben würde …

… um seine Angelegenheiten zu regeln, heißt es dann oft in so einem Fall. Wie kalt, oberflächlich und inhaltsleer diese Floskel anmutet, wenn man sich bewusst macht, mit welcher Tiefe ein derartiger Schicksalsschlag im zutiefst Menschlichen auf alle Beteiligten einwirkt. Bernhard Huber versuchte, das Unausweichliche für seine Liebsten abzumildern, indem er einfach weitermachte: „Er hat seine Krankheit, speziell in der Anfangszeit, als kleines Handicap abgetan", erinnert sich Julian. Aber im Hintergrund tat der Vater alles, um seinen Sohn im Schnelldurchgang fit zu machen – nicht nur für die Anforderungen in den Weinbergen, sondern vor allem auch für die Last der Verantwortung.

„Er ist zu Söhnen gefahren, die auch in ganz jungen Jahren einen Betrieb übernehmen mussten, um aus deren Sicht alles über die Schwierigkeiten und Fallstricke zu erfahren, die es da geben kann", erzählt Julian Huber. „Und dann hat er versucht, mir alles zu vermitteln, was ihm wichtig erschien. Es war manchmal so viel, dass mir anfänglich gar nicht klar war, was da plötzlich an Informationsfluss rüberkam." Erst mit der Zeit wurde Julian bewusst, was der Vater da mit ihm machte. Dass da ein von liebevoller Fürsorge begleiteter Wissenstransfer stattfand, der den Sohn ein Stück weit von der Traurigkeit wegführen und auf einen selbstständigen Weg auf solider Basis hungrig machen sollte.

Und dass sich da einer, dessen irdische Existenz im Vergehen begriffen war, bis zuletzt mit ganzer Kraft der Zukunft des Weinguts widmete, war so viel mehr als „Angelegenheiten regeln". Damit vermittelte Bernhard Huber seinem Sohn etwas, das dieser schon kurz nach dem Tod des Vaters weitergeben konnte, wie sich seine Mutter Barbara erinnert: „Es war im Spätsommer 2014, als die erste Lese ohne Bernhard bevorstand. Ich hatte keine Ahnung, wie wir das bewältigen sollten, und da sagte Julian zu mir: ,Hey, Mam, wir schaffen das schon!' Da dachte ich, wenn dieser junge Mann das mit so einer Zuversicht sagt, dann schaffen wir das wirklich. Das war für mich sehr berührend und hat mir viel Kraft gegeben."

Es war ein Jahr, in dem es in erster Linie tatsächlich darum ging, es zu schaffen. Und zwar nicht nur die Herausforderung in den Weinbergen, sondern auch die Trauerarbeit, weil jeder Rebstock vom Bienenberg bis zum Schlossberg an den erinnerte, der jetzt so schmerzlich vermisst wurde. „2014 haben wir einfach nur überstanden", sagt Julian. „Und 2015 habe ich für mich noch gebraucht, um auf die Frage, wo es jetzt hingehen soll, die passenden Antworten zu finden." Denn in ein Weingut dieser Güteklasse einzusteigen, kristallisierte sich rasch als zweischneidige Angelegenheit heraus. Einerseits öffnete der gute Name viele Türen, aber dieser Name, nämlich der des Vaters, warf auch einen langen Schatten. „Ich stand damit von Anfang an unter einer ganz anderen Beobachtung als jemand, der ganz von vorne anfängt und einfach sein eigenes Ding probiert."

Weingut Bernhard Huber

Das Weingutsgebäude wurde im Jahr 1999 von Barbara (links) und Bernhard Huber errichtet. Vor 700 Jahren betrieben hier in Malterdinger Zisterziensermönche ein Hofgut.

Weingut Bernhard Huber

> „Es geht mir nicht darum, Kilos vom Hektar runterzuholen, sondern Terroir in die Flasche zu kriegen. Das Unverfälschte ist das wertvollste Gut, das wir haben." Julian Huber

Bernhard Huber, das stand nämlich – und steht immer noch – für eine beeindruckende Erfolgsgeschichte. Ursprünglich ein Betrieb, der lediglich Trauben an die Genossenschaft ablieferte, war es Julians Vater gewesen, der 1987 mit nur vier Hektar Rebfläche sein eigenes Ding probierte. Und das als Sohn eines Gründungsmitglieds jener Genossenschaft, aus der er nun ausstieg. Mit museumsreifem Equipment, aber dem Antrieb und der Leidenschaft eines Visionärs machte er sich vor allem mit seinen Spätburgunder-Rotweinen bald einen Namen. Und er musste diese auch nicht lange im alten Mercedes selbst bis Hamburg hinauf ausliefern. Als sein Weingut 2012 das 25-jährige Bestehen feierte, hatte Bernhard Huber fast alle wichtigen Auszeichnungen und Preise eingeheimst, die es in der deutschen Weinszene einzuheimsen gibt.

Kein Wunder also, dass da ganz genau geschaut wurde, wie der Junior die Sache anpacken und ob er das große Erbe als Bewahrer oder Revoluzzer antreten würde. Julian Huber ging es schlau an – und machte beides. Er hielt die große Liebe seines Vaters zum Spätburgunder hoch sowie auch dessen größte Ambition, einen Malterdinger aus dem Glas herausriechen zu können. „Es geht mir nicht darum, Kilos vom Hektar runterzuholen, sondern Terroir in die Flasche zu kriegen. Das Unverfälschte ist das wertvollste Gut, das wir haben, und diese Weinberge und diese Bedingungen gibt es nur hier."

Aber er krempelte auch einiges um, und das war nicht nur dem Zeitgeist geschuldet, sondern auch dem Führungsstil seines Vaters: „Er war einer, bei dem alle Fäden zusammenliefen. Und wenn er uns das Gefühl geben musste, in Entscheidungen eingebunden zu sein, stellte er seine Fragen so geschickt, dass er die Antworten bekam, die er wollte", erinnert sich der Sohn mit einem Schmunzeln. Er baut hingegen mehr auf tatsächliches Teamwork,

wie auch seine Mutter bestätigt: „Es gibt jetzt richtige Teambesprechungen, und Julian schafft die Verbindung, dass alle darüber Bescheid wissen, was in sämtlichen Abteilungen läuft."

Julian Huber hat auch bei den Weinen seine eigenen Ideen. Und wenn er sagt, dass alles „ein wenig minimalistischer" geworden sei, bedeutet das, dass er die klassisch badische Weinkarte mit 20, 25 Weinen auf nur noch vier bis fünf reduziert hat. Von Sorten wie Muskateller oder Müller-Thurgau hat er sich getrennt, und letzten Endes sollen in den Weinbergen überhaupt nur noch Spätburgunder und Chardonnay übrig bleiben. Manchmal ertappt sich Julian beim Gedanken, dass sein Vater das vielleicht nicht in dem Tempo getan hätte. „Aber wir wollen Herkunftsweine produzieren, und das wäre ganz sicher auch in seinem Sinn gewesen. Den Weg, den wir jetzt gehen, hätte auch mein Vater eingeschlagen. Vielleicht nur nicht ganz so schnell."

Es ist Julian Huber mit allen seinen eigenen Ideen wichtig, die großen Zielsetzungen seines Vaters hochzuhalten. So wie für ihn auch außer Diskussion steht, dass das Weingut stets „Bernhard Huber" heißen wird, auch wenn längst er die Weine macht und für deren Stilistik verantwortlich zeichnet. „Es ist mir ein aufrichtiges Anliegen, diesen Betrieb in seinem Namen so gut wie möglich zu führen und so hoch wie möglich leben zu lassen. Denn es geht hier letztlich auch darum, seinen Namen zu ehren."

AUSGESCHENKT WELTWEIT

NORWEGEN	RUSSLAND	SINGAPUR	SINGAPUR
– Oh Dear	– Il Lago	– Cloud Street	– Odette
www.ohdearoslo.no	www.illago.ru	www.cloudstreet.com.sg	www.odetterestaurant.com

Ein starkes Team, das das Weingut Bernhard Huber gemeinsam
schaukelt: Barbara und Julian
Huber sind durch den Schicksalsschlag im Jahr 2014 noch enger
zusammengerückt.

VERKOSTUNGSNOTIZEN

2018 KÖNDRINGER ALTE BURG SPÄTBURGUNDER

20 Jahre alte Pinot-Noir-Anlage und ebenfalls seit 20 Jahren unter Hubers Ägide, ungemein feingliedrige, eher kühle Aromatik, einem veritablen GG entsprechend, was diese „Alte Burg" auch in naher Zukunft sein wird.

2018 SCHLOSSBERG SPÄTBURGUNDER

Ungemein tiefgründiger Spätburgunder mit der typischen Huber'schen Tiefe und Mystik, gepaart mit enormer Schlüssigkeit und Harmonie sowie freudvollem Ausblick auf die weitere Entwicklung.

2018 BIENENBERG CHARDONNAY

Mächtiger Chardonnay mit reifen Noten, dennoch konsequent auf Zukunft gebaut, das Genuss-Fenster öffnet sich in vier bis fünf Jahren.

Alexander Koblinger

Master Sommelier in Döllerers Genusswelt, Golling bei Salzburg

Wenn ich an Julian Huber denke, dann denke ich einerseits an einen ungemein sympathischen Mann, andererseits an Weine, die besser nicht sein könnten. Die haben Struktur, die haben Kraft, die stehen für flüssiges Terroir. Die Burgunder-Cuveé Malterdinger Weiß etwa, die ist eine Preis-Leistungs-Granate und braucht Luft und das große Glas. Bei Hubers Burgundern springt bei jedem Sommelier der Korkenzieher von selbst auf. Und wenn ich an Essen denke: Seine Pinots sind aufgelegte Elfmeter zu Wildgeflügel.

Weingut Bernhard Huber

Genossen & Co.

Winzergenossenschaften sind auch nicht mehr das, was sie einmal waren. Zum Glück! Haben sie sich doch von puren Zweckverbänden zur gemeinschaftlichen Verarbeitung von Trauben hin zu Betrieben entwickelt, die das Beste zweier Welten vereinen: auf der einen Seite kleinräumige, meist handwerklich betriebene Landwirtschaft mit intensivem Bezug zur eigenen Herkunft und auf der anderen Seite eben auch moderne, hochprofessionelle Strukturen in der Verarbeitung und im Qualitätsmanagement. Das ergibt, wie die folgenden Beispiele zeigen, nicht nur einige Synergieeffekte, sondern vor allem großartige Weine, die das Potenzial ihrer jeweiligen Terroirs voll ausschöpfen. Gemeinsam sind sie stark!

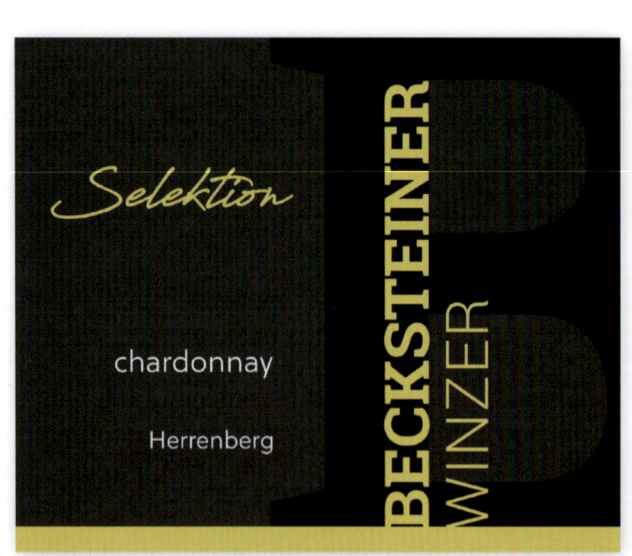

Selektion

BECKSTEINER WINZER

chardonnay

Herrenberg

ROTER HIRSCH

CG&

RÉSERVE

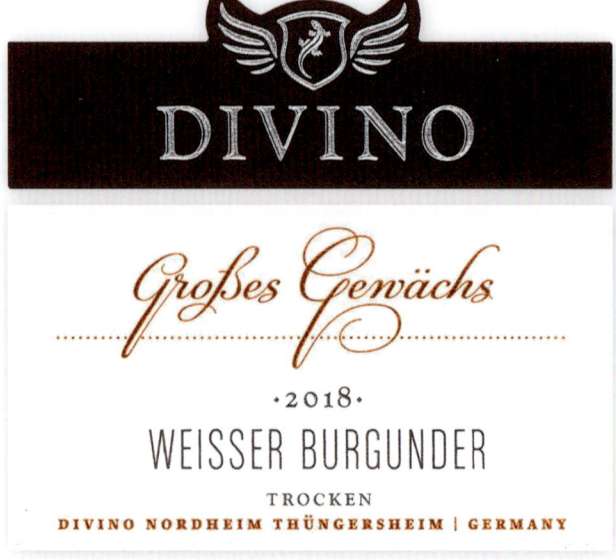

DIVINO

Großes Gewächs

·2018·

WEISSER BURGUNDER

TROCKEN

DIVINO NORDHEIM THÜNGERSHEIM | GERMANY

FELLBACHER
WEINGÄRTNER

SPÄTBURGUNDER
FELLBACHER LÄMMLER
IM BARRIQUE GEREIFT
›GROSSES GEWÄCHS‹

2016

2019 HERRENBERG CHARDONNAY „RESERVE" SELEKTION
Becksteiner Winzer, Baden

DER WEIN Mit der schwarz etikettierten Selektions-Linie bringen die Becksteiner Winzer unter der Ägide von Geschäftsführer Michael Braun und Kellermeister Florian Döller ihre besonders lagerfähigen Gewächse auf den Markt. In diesem Fall einen ausdrucksstarken, vielschichtigen, nussig grundierten Chardonnay aus ökologisch bewirtschafteter Steillage in Gerlachsheim.

DAS GUT Das Taubertal markiert zwar den Nordrand des badischen Weinbaugebiets, die Sommer sind aber auch hier eher heiß und sonnig, womit man als örtlicher Winzer eben umzugehen hat. Die im 1894 gegründeten Winzerverein Beckstein organisierten Genossenschaftler (das sind heute nicht weniger 354 aus 21 Ortschaften) wissen sehr genau, wie das geht – und sie haben nach einer ganzen Reihe erfolgreicher Jahrgänge mit Florian Döller einen Kellermeister, dem sie ruhig vertrauen können.

www.becksteiner-winzer.de

2018 DIVINO „GROSSES GEWÄCHS" WEISSER BURGUNDER
DIVINO Nordheim Thüngersheim, Franken

DER WEIN Zwei Wörter nur: vier Trauben. Die Wertung im jüngsten Gault-&-Millau-Weinguide signalisiert schon sehr deutlich, womit wir es hier zu tun haben: mit einem Spitzenwein, der Ausdruck hat und Kraft und Eleganz. Reife Zitrusfrüchte, Rhabarber, Apfel und Ananas in der Nase, am Gaumen eher kühle Stilistik mit animierender Säure, aber auch einer gewissen Rauchspeck-Würze. Große Klasse.

DAS GUT An der Volkacher Mainschleife wird – unter der Betriebsführung von Wendelin Grass und mit Kellermeister Felix Reich – ganz nach oben gezielt. Die Ambition der Genossenschaft, die Trauben von insgesamt 360 Hektar Rebfläche verarbeitet, ist an Weinlinien à la „Großes Gewächs" oder Cuvées, die sich explizit an Bordeaux und Burgund orientieren, mit „freiem Auge" erkennbar. Das Beste daran ist aber: Man kann das auch schmecken.

www.divino-wein.de

2017 ROTER HIRSCH RÉSERVE
Weingärtner Cleebronn-Güglingen, Württemberg

DER WEIN Im an bemerkenswerten Weinen nicht gerade armen Portfolio der Cleebronner Weingärtner ragt der „Rote Hirsch" noch einmal ein Stück heraus: eine mächtige Cuvée aus Merlot, Cabernet Sauvignon, Cabernet Franc und Lemberger, ein Stück Bordeaux im Württembergischen Unterland. Wild-würziges Aroma, danach Cassis und Zwetschge, präsente Gerbstoffe, großes Potenzial.

DAS GUT Im Heilbronner Land haben sich die – 1951 gegründeten – Weingärtner Cleebronn-Güglingen unter dem innovativen Kellermeister Andreas Reichert prächtig entwickelt und bringen regelmäßig hochdekorierte Weine auf den Markt. Vor allem in der Linie „Emotion CG" werden Anspruchsvolle verlässlich fündig.

www.cg-winzer.de

2016 FELLBACHER LÄMMLER SPÄTBURGUNDER „P"
Fellbacher Weingärtner, Württemberg

DER WEIN Sehr kräftige, dunkle Beerenaromen, etwas Kirschfrucht, präsentes Holz, darunter auch Weihrauch-Aromen und klare Tannine ergeben in diesem Spätburgunder aus der Fellbacher Spitzenlinie „P" einen erstklassigen Wein mit selbstbewusster Kraft, die sich noch weiterentwickeln und etliche Jahre anhalten wird.

DAS GUT Die zweitälteste Winzergenossenschaft Württembergs – Gründungsjahr: 1858 – birgt in ihren 274 Mitgliedern und 185 Hektar Rebfläche erhebliches Potenzial. Und das versteht Kellermeister Tobias Single auch Jahr für Jahr zu heben – zum überwiegenden Teil im Rotweinsektor; aber auch die Chardonnays und Rieslinge aus dem Remstal wissen zu überzeugen.

www.fellbacher-weine.de

2019
FORSTER
MUSENHANG

RIESLING
SPÄTLESE
TROCKEN

MAYSCHOSS
ALTENAHR
WINZERGENOSSENSCHAFT
✱ ✱ ✱

2019 WALPORZHEIMER ALTE LAY
SPÄTBURGUNDER TROCKEN

KATZENKOPF SUPREMUS
SILVANER TROCKEN 2019

PFAFF

WACHTENBURG
Winzer

RIESLING
WACHENHEIMER
TROCKEN

»EDITION SL«
WACHENHEIM · PFALZ

2019 FORSTER MUSENHANG RIESLING „SELEKTION MOSSBACHERHOF" SPÄTLESE TROCKEN
Forster Winzerverein, Pfalz

DER WEIN Hinter der ausufernden Bezeichnung verbirgt sich ein feinfruchtiger Riesling aus den Rebflächen des ältesten Forster Weinguts, dem Mossbacherhof, dessen Trauben vom Winzerverein separat gelesen und verarbeitet werden. Dezidiertes Qualitätsstreben – konsequente Ertragsreduktion, zweifache selektive Handlese – ergibt einen hochklassigen Lagen-Riesling unter der magischen Zehn-Euro-Grenze.

DAS GUT Insgesamt 26 Betriebe organisieren sich im Forster Winzerverein, darunter auch Pächter legendärer Lagen wie Ungeheuer, Pechstein oder Kirchenstück; und am Ende stehen – ganz nach dem genossenschaftlichen Leitspruch „Was einer nicht schafft, das schaffen viele" – erfreulich zugängliche Weine, die mit viel Harmonie und Balance zu überzeugen wissen.

www.forster-winzer.de

2018 WALPORZHEIMER ALTE LAY SPÄTBURGUNDER
Winzergenossenschaft Mayschoß-Altenahr, Ahr

DER WEIN Die Reben auf der Walporzheimer Alten Lay wurzeln auf verwittertem Schiefer und lehmiger Grauwacke. Dank konsequenter Selektion und behutsamer Behandlung im Keller entsteht ein großer Spätburgunder, der Frucht und Kräuterwürze mit einer fein gewobenen Tanninstruktur vereint; in den Zwischentönen Cranberry und Pflaume, darüber ein Hauch Räucherschinken.

DAS GUT Die Winzergenossenschaft Mayschoß-Altenahr zählt zu den ältesten weltweit. Im Geiste und in ihrem Tun erscheint sie freilich jung und zeitgemäß und hat sich gerade mit ihren Premium-Burgundern als Top-Adresse an der Ahr erwiesen (und wird dies, wenn die Spuren der Flutkatastrophe beseitigt sind, auch wieder und weiterhin sein).

www.wg-mayschoss.de

2019 SILVANER KATZENKOPF „SUPREMUS"
Winzer Sommerach, Franken

DER WEIN Über den Sommeracher Katzenkopf verläuft der Lebensnerv der örtlichen Winzergenossenschaft. Und tatsächlich zeigt dieser Silvaner das ganze Potenzial dieser Lage, ist er doch gewachsen in ihrem Filetstück, dem Wilm: vielschichtiges Aroma, unter Steinobst- und Kräuternoten verläuft ein kühler Eindruck; tolle Länge.

DAS GUT Wenn ein Motto stimmt, dann dieses: „Der Anspruch macht den Unterschied", meinen die Winzer Sommerach. Und dass sie bezüglich Anspruch sehr klar in Vorlage gehen, sollte folglich auch nicht überraschen. Die 90 Familien, die die Genossenschaft bilden, haben sich voll und ganz dem kleinräumigen, handwerklichen Weinbau verschrieben – und erschaffen gemeinsam Großes.

www.winzer-sommerach.de

2019 „EDITION SL"
Wachtenburg Winzer, Pfalz

DER WEIN Ein schlanker Riesling von grundehrlicher Gestalt mit klassischer Typizität und von großer Qualität (der Name der Edition steht für die selektive Lese, die hier praktiziert wurde): Aprikose, Apfel, sehr gelungenes Spiel von Frucht und Frische, dazwischen erstaunlich vielfältige Aromatik, in der auch Pfirsich, Mirabelle und Fenchel durchklingen.

DAS GUT Die Wachtenburg Winzer haben sich eine der schönsten Eigendefinitionen für einen genossenschaftlichen Weinbaubetrieb verliehen: Ein „Mehrfamilienweingut" seien sie, bestehend aus 24 Familien, seit Generationen miteinander verbunden und tief verwurzelt in Wachenheim. Und noch ein schöner Satz stammt von ihnen: „Miteinander lernen, wachsen und dabei bodenständig bleiben, das tut allen gut: den Rebstöcken, den Weinen, den Familien, der Zufriedenheit mit dem eigenen Schaffen." Danke, keine weiteren Fragen.

www.weinland-wachtenburg.de

2019 FUMÉ SAUVIGNON BLANC „PHILIPP BASSLER"
Weinbiet Manufaktur, Pfalz

DER WEIN Dieser Wein, der nach einem prägenden Gründungsmitglied der Manufaktur benannt ist, zeigt eine intensive, lange präsente Frucht, Noten von Orange und Stachelbeere, über denen eine leichte Süße schwebt, die wiederum von harmonischer Säure und feiner Holznote sanft zur Landung gebracht wird. Ein Wein, mit dem man gern eine Runde dreht.

DAS GUT Großes Volumen, beste Qualität – jawohl, das geht. Gut zweieinhalb Millionen Flaschen füllt die Genossenschaft Weinbiet – benannt nach dem Hausberg von Mußbach – jährlich ab. Die Weine stammen von 50 Betrieben an der Mittelhaardt, und darunter spielen vor allem die jüngeren Betriebe erste Geigen, was der Zeitgemäßheit der Weinbiet-Weine sehr zugutekommen.

www.weinbiet.de

2018 UNTERTÜRKHEIMER MÖNCHBERG LEMBERGER
Weinmanufaktur Untertürkheim, Württemberg

DER WEIN Ein dichter, ausdrucksstarker Lemberger aus Württemberg, der doch irgendwie an die neue Welt erinnert und sich – gerade als Wein aus genossenschaftlichem Betrieb – sehr individuell präsentiert. Insgesamt ein sehr tiefgründiger Vertreter seiner Sorte, mit dunklen Aromen, Schokolade, etwas Kirschfrucht, Kräuterwürze und präsentem Holz.

DAS GUT Seit drei Jahrzehnten führt Kellermeister Jürgen Off die (mit weniger als 100 Hektar Rebfläche vergleichsweise kleine) Manufaktur am Stadtrand von Stuttgart gewissenhaft in Richtung Zukunft. Nachhaltigkeit in Weingarten und Keller war hier schon wichtig, als man es überall sonst noch als Zinnober betrachtete. Heute weiß man es auch anderswo besser.

www.weinmanufaktur.de

Die unterschätzten Genossen

Sie werden noch selten in den Weinkarten der Top-Gastronomie geführt, und bei den obligaten Best-of-Verkostungen sucht man sie auch vergebens. Ob es nun Winzerverein, Winzerkeller, Vereinigte Weingüter, Weinland, Weingärtner- oder Winzer-Genossenschaft heißt, Tatsache ist, dass diese zumeist mehr als hundert Jahre alten Vereinigungen sehr oft über das feinste Lagenpotenzial ihres Anbaugebiets verfügen und somit dort selbstverständlich auch Top-Weine produziert werden – oder werden könnten. Zweifelsohne ist es dabei eine Kunst, Hunderte von Hektar und viele kleine Winzerbetriebe unter einen Hut zu bringen, um wirkliche Topqualitäten zu erzielen.

Das Erfolgsmodell Südtirol zeigt allerdings, dass ganz besonders die Kellereien, wie die Genossenschaften dort heißen, Treiber in Sachen Qualität sind. So fällt auf, dass etliche der begehrtesten und auch teuersten Weine Italiens – in ihrer jeweiligen Kategorie – Produkte genau dieser Kellereien sind und dabei federführend die Kellermeister Hans Terzer (St. Michael-Eppan), Rudi Kofler (Terlan), Gerhard Kofler (Girlan) und unsere Gault & Millau-Südtirol-„Weinpersönlichkeit des Jahres 2021/2022" Willi Stürz (Tramin) genannt werden.

Und genau dort liegt der Hase im Pfeffer, denn all diese Koryphäen stehen nicht nur stellvertretend für die so erfolgreiche Betriebs- und Qualitätspolitik, sondern sind umfassend für diese verantwortlich und demzufolge auch mit weitreichenden Kompetenzen und Entscheidungsfreiheiten ausgestattet. In Deutschland hingegen hängt die Entscheidung für eine wirkliche und mutige Qualitätspolitik immer noch vom basisdemokratischen Votum der Genossenschaftsmitglieder ab.

Umso schöner, dass sich vor allem im Südwesten einige mutige Betriebsverantwortliche daran gemacht haben, das Bild der Genossenschaften in deutschen Landen tatkräftig umzukrempeln und mit herausragenden Spitzenqualitäten, durchaus auch im Bereich der Basis-Weine mit nahezu unschlagbarem Preis-Leistungs-Verhältnis, neue Märkte für sich zu gewinnen.

Zu nennen sind hier die Becksteiner Winzer aus dem badischen Teil des Taubertals mit ihrer Reserve-Kollektion und speziell mit der 2019 Gerlachsheimer Herrenberg Chardonnay Spätlese – trocken, nussig, buttrig-opulent und doch mit herrlichem Trinkfluss zu einem mehr als guten Preis. DIVINO aus dem fränkischen Nordheim begeistern mit einem spannenden Weißburgunder aus 2018 mit feiner Zitrusnote. Die Fellbacher Weingärtner beeindrucken im schwäbischen Remstal vor den Toren Stuttgarts mit ihrem 2016 Fellbacher Lämmler Spätburgunder „Edition P" – balsamisch tief und für die Zukunft gedacht. In der Pfalz überzeugt der Forster Winzerverein mit einem 2019er-Riesling aus dem Forster Musenhang mit feiner Frucht – ideal zu gebratenem Fisch. Ebenfalls in der Pfalz punktet die Weinbiet Manufaktur mit dem Selektions-Sauvignon-Blanc „Fumé", der dem Gründervater Philipp Bassler gewidmet ist. Im württembergischen „Ländle" weisen die Weingärtner aus Cleebronn-Güglingen mit ihrer Rotwein-Cuvée „Roter Hirsch" in Zusammenarbeit mit Sommeliers in die Zukunft. Das Pfälzer Weinland Wachtenburg überzeugt mit einem 2019 Wachenheimer Riesling mit knackiger Frische als idealem Wein für jeden Tag. Die Winzer Sommerach in Franken warten mit dem klassischen Silvaner „Supremus" aus dem Katzenkopf auf – kräuterig-kernig, am besten zu typischen „Blauen Zipfel". Und last but not least wäre da noch die große Klasse an der Ahr mit einem 2018 Maischoß Alte Lay Spätburgunder – rauchig, g'schmackig, kräuterig und ideal zu Entrecôte & Co.

Otto Geisel (Verkostungsnotizen von Jochen Benz), in eine Gastronomen-Familie hineingeboren, hat seine Leidenschaft zum Beruf gemacht: sein halbes Leben dreht sich um gute Lebensmittel mit einem Schwerpunkt beim Wein. Deshalb steht beim Gründer des Münchner Instituts für Lebensmittelkultur auch als Autor mehrerer Fachbücher der Wein meist im Mittelpunkt.

Grau-
burgunder

Man hat es ja wirklich nicht leicht als Grauburgunder – traditionelle Sorte, große Vergangenheit, vom Publikum geschätzt, aber eben sehr oft auch unterschätzt. Letzteres hat beziehungsweise hatte auch Gründe. Diese liegen in der Vergangenheit. Heute sind die deutschen Grauburgunder durch die Bank ernst zu nehmende Gewächse, die sich in den richtigen Händen zu faszinierender Größe entwickeln können, eben weil sie sich entwickeln dürfen und nicht in ein Korsett gepresst, nicht überschminkt werden. Weil sie einfach Grauburgunder sein dürfen – eine große Sorte. Man hat es richtig gut als Grauburgunder-Fan.

2016 RESERVE
Friedrich Becker, Pfalz

DER WEIN Dem Grauburgunder wird – von Menschen, die diesen Wein nicht kennen – gern ein Mangel an Ausdrucksmöglichkeiten attestiert; die Becker'sche Reserve belehrt eines (viel) Besseren: nussige Aromen, florale Noten, Beeren, Stein, noch etwas Hefe. Diese Reserve hat zwar schon einige Reifezeit hinter sich, aber noch viele wunderbare Jahre vor sich.

DAS GUT An der Grenze zu Frankreich und teils auch darüber hinaus hat der „alte Fritz" Friedrich Becker I. das burgundische Potenzial der südlichen Pfalz erkundet, und zwar zunächst mit seinen legendären Spätburgundern mit dem Füchschen-Etikett. Seit bald 15 Jahren hebt Friedrich Becker junior, der „kleine Fritz", nun dieses Potenzial auch mit seinen weißen Burgundersorten.

www.friedrichbecker.de

2019 BURKHEIMER FEUERBERG HASLEN
Weingut Bercher, Baden

DER WEIN Komplex, aber zugänglich, vielschichtig, aber ausgeglichen – ein Grauburgunder von vulkanischem Boden, dem es weder an Würze noch an Trinkfluss mangelt und der wirklich Brillanz ausstrahlt; die Holznoten perfekt eingewoben, dazu nussige und rauchige Anteile, komplexe Frucht, wohl ausbalancierte Säurestruktur.

DAS GUT Als die Cousins Arne und Martin Bercher vor zehn Jahren die Nachfolge von Rainer und Eckhardt Bercher antraten, nahmen sie die gute alte Zeit einfach mit in die Gegenwart. Tatsächlich reicht die Geschichte der Familie Bercher bis ins 15. Jahrhundert zurück. Als Winzer agieren Arne und Martin in zehnter Generation und lassen sich von kurzlebigen Trends dementsprechend wenig aus der Ruhe bringen.

www.weingutbercher.de

2019 IHRINGER WINKLERBERG
Weingut Dr. Heger, Baden

DER WEIN Auf den durch und durch mineralisch geprägten Böden des Ihringer Winklerbergs wächst ein Wein von schillernder Persönlichkeit und herausragender Länge, ans Ziel getragen von einem Wechselspiel aus Zitrus und reifer Melone, ein vollmundiger Grauburgunder, der sich mit etwas Luft schnell entfaltet – und dann einfach nur schwebt.

DAS GUT Joachim Heger hat nach fast vierzig Jahren als Winzer alle Erfahrung der Welt und lässt trotzdem nie Routine aufkommen, weil er weiß, dass Perfektion ein Spiel ist, das nie fertig gespielt sein wird. Er fühlt seinen Lagen am Ihringer Kaiserstuhl gewissermaßen auf den Zahn und führt jeden Jahrgang behutsam, aber konsequent ans Ziel.

www.heger-weine.de

2019 RESERVÉ
Weingut Gebrüder Kauer, Nahe

DER WEIN Keine kleine Überraschung, diese Reserve, die doch tatsächlich ausgesprochen leichtfüßig daherkommt, fast tänzelnd, mit gut eingeflochtener Säure und schönem Trinkfluss, keinem merkbaren Holzton, dafür aber mit viel Duftigkeit. Ein Grauburgunder, wie man ihn in dieser Form und Qualität nicht sehr oft zu trinken bekommt.

DAS GUT Am aktuellen Ende einer langen Windesheimer Familientradition, konkret in der vierzehnten Generation, stehen die Cousins (nicht Brüder!) Markus und Christoph Kauer. Ersterer ist seit 1992, Christoph seit dem Jahr 2000 am Gut aktiv. Ein Schwerpunkt liegt auf den weißen Burgundersorten, daneben führen die Kauers aber auch eine sehr schöne Kollektion von Rieslingen.

www.kauerwein.de

Grauburgunder

TITUS
grauburgunder
PIX

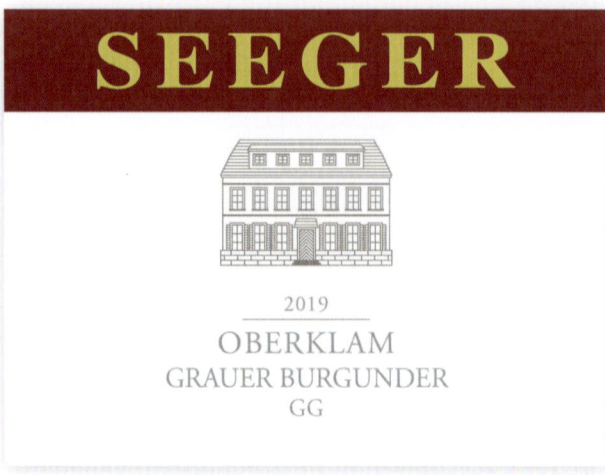

2017 „TITUS"
Weingut Pix, Baden

DER WEIN Ein Kraftlackel, würden sie in Bayern sagen, der vom südlichsten Punkt des Kaiserstuhls stammt und dort wohl einiges an Sonne abbekommen hat, dank der spürbar naturnahen Vinifikation aber doch nicht zu konzentriert oder übertrieben fruchtig daherkommt, sondern seine Muskeln dank feiner Gerbstoffe elegant spielen lässt.

DAS GUT Schon seit seiner Gründung wird das Weingut in Ihringen am Kaiserstuhl nach biologischen Anbauprinzipien geführt, seit 2013 ist es Demeter-zertifiziert. Der naturnahe Anbau findet seine Fortsetzung im konsequent terroirgetriebenen Ausbau, dem sich Juniorchef Hannes Pix, der nicht viel vom Prädikats- und Lagensystem hält und seine Weine lieber für sich sprechen lässt, verschrieben hat.

www.weingut-pix.de

2018 LÖCHLE
Burg Ravensburg, Baden

DER WEIN Acht Monate lagerte dieser Grauburgunder aus geschützter Südlage im Barrique – und reifte in dieser Zeit zu großer Finesse und vollmundigem Charakter: tropische Aromen, die sich mit den Röstnoten von neuem Holz verbünden und einigen Druck ausüben, aber – und das ist ja die eigentliche Kunst – nie zu dick auftragen.

DAS GUT Mit einer Geschichte, die bis ins Spätmittelalter zurückreicht, zählt das Weingut Burg Ravensburg klar zu den Routiniers seiner Branche. Konkret wird hier, hoch über dem Kraichgau, seit 770 Jahren Wein gekeltert, einst von den Mönchen des Klosters Maulbronn, heute unter der Leitung von Claus Burmeister – und damals wie heute mit größtem Feinsinn.

www.weingut-burgravensburg.de

2019 OBERKLAMM
Thomas Seeger, Baden

DER WEIN Mit dem Oberklamm beweist Thomas Seeger – wieder einmal – seine Virtuosität im Umgang mit dem kleinen Holzfass: reife Melone, ein wenig Karamell, ein Wein mit Schmelz und Kraft, der aber nicht überschminkt wirkt, sondern wie eine echte, große Synthese.

DAS GUT „Wein muss schmecken. Ganz einfach", erklärt Thomas Seeger seine Maxime. So einfach ist es natürlich nicht, hinter Seegers fantastischer Kollektion steckt doch einiges an Aufwand. Aber das Ergebnis ist jeden Handgriff wert: Aus dem kleinen Familienbetrieb in Leimen bei Heidelberg machte Seeger einen echten Big Player an der Badischen Bergstraße.

www.seegerweingut.de

2018 WINKLERBERG PAGODE
Weingut Stigler, Baden

DER WEIN Lage, Lage, Lage! Das Vulkangestein des Ihringer Winklerbergs, die Kraft der Sonne am Kaiserstuhl und das Können des Winzers ergeben einen Wein, der zum Inbegriff seines Terroirs gereift ist: filigran, würzig, auch etwas herb im Nachhall und dank ein wenig Maischestandzeit mit Farbe und Gerbstoff aufgeladen – eine Wonne.

DAS GUT Seit dem Jahr 2017 führt Maximilian Stigler den Familienbetrieb in Ihringen – und zwar ganz im Sinne seiner Eltern Andreas und Regina, also mit beharrlichem Qualitätsstreben in der Bewirtschaftung seiner Reben an der Südspitze des Kaiserstuhls und am Freiburger Schlossberg, in der konsequenten Auslese der Trauben und im Wissen um die Kraft seiner Lagen. Und, ja, auch mit ein paar eigenen Ideen. Es weht ein frischer Wind in Ihringen.

www.weingut-stigler.de

2018 SOMMERHALDE
Fritz Waßmer, Baden

DER WEIN Dieser Grauburgunder steht auf mehreren Säulen, die zusammen ein stabiles Gebäude tragen: Das Holz mit Vanillenoten zeigt sich durchaus präsent, neben reifen gelben Früchten spielt etwas Zitrone mit, die Säure hält als Querverbinder die Stellung; die kühlenden Einflüsse aus dem angrenzenden Schwarzwald machen sich besonders angenehm bemerkbar.

DAS GUT Vom Erdbeerbauern zum Winzerstar – eine badische Erfolgsgeschichte: Die Story des Fritz Waßmer klingt nicht nur filmreif, sie hat auch ein sehr reales Happy End. Aus dem Nebenerwerb machte der Qualitätsfanatiker und Autodidakt ein Burgunder-Kompetenzzentrum, das alle Stücke spielt, rote wie weiße, große wie kleine.

www.weingutfritzwassmer.de

2019 LAHRER KRONENBÜHL
Weingut Wöhrle, Baden

DER WEIN Der Lahrer Kronenbühl ist ein Vorzeigevertreter seiner Sorte und aufgrund seiner Straffheit ein idealer Essensbegleiter, der seine Herkunft präzise widerspiegelt, nach Kernobst duftet, aber in der Frucht doch zurückhaltend bleibt, auch eine gewisse Rauchigkeit und Kräuterwürze mitbringt und diese Spannung lange hält.

DAS GUT In Winzerjahren ist das 1979 gegründete Weingut Wöhrle noch ein Jungspund und in Sachen Rebfläche mit gut 16 Hektar vielleicht auch noch nicht voll ausgewachsen. In Wahrheit ist das aber alles nebensächlich, weil hier schon sehr lange sehr viel richtig gemacht wird: biologische Bewirtschaftung seit den Anfängen, herkunftsbezogener Ausbau, im besten Sinne zeitgemäße Weine.

www.woehrle-wein.de

Charme im Glas

Was sucht man heutzutage eigentlich in einem Wein? Was macht eine Rebsorte wirklich aus? Ihre Persönlichkeit? Ihre Popularität? Ihre regionale Typizität? Ihre Authentizität? Genau das ist Grauburgunder: authentisch, vielfältig, zuweilen stolz seine Herkunft zeigend, mit eigenem Charakter und zudem ein hervorragender Essensbegleiter mit großer Bandbreite, Charme und Intensität im Glas.

Eine maßgebliche Rolle spielt dabei, genau dieselben Ansprüche an das Qualitätsbewusstsein zu haben, wie das auch bei vergleichbaren Rebsorten wie etwa Chardonnay oder Spätburgunder der Fall ist. Neben all der Sanftheit aufgrund seiner meist milden und moderaten Säurestruktur, seines Schmelzes, seines in sich ruhenden und gediegenen Stils kann Grauburgunder auch ganz anders, nämlich straff, saftig, balanciert, intensiv, straight, aromatisch und unverkennbar. Grauburgunder kann definitiv viel mehr, als es das Klischee des Ruländers, das von süßer Opulenz, sättigender und zehrender Belanglosigkeit geprägt war, suggeriert.

Ich hatte das große Glück, dass mich das Schicksal vor gut zwei Jahrzehnten an den Kaiserstuhl verschlagen hat – eine der Gegenden, die man wohl zu Recht als Grauburgunder-Eldorado bezeichnen kann. Stark geprägt in meiner kulinarischen Kultur unter anderem durch die verschiedenen Generationen der Keller'schen Institution Schwarzer Adler, lernte ich zu verstehen, was eine konsequente und kompromisslose Sicht, wie man einen Grauburgunder erzeugt, bedeutet. Unverfälschte, trockene und durchgegorene, ehrliche, direkte, puristische und eben alles andere als belanglose Grauburgunder – ganz egal, in welcher Stufe der Qualitätshierarchie und ganz gleich in welchem Ausbaustil – kennen, verkosten und genießen zu lernen und in jedem Fall einen absolut gastronomischen Wein im Glas anzutreffen, das ist es, was ich mir von einem Grauburgunder wünsche.

Man könnte meinen, Grauburgunder bediene bisweilen eine populäre Nische – es gibt Fans und Antagonisten, wie bei vielem anderen. Umso wichtiger ist es, Überzeugungsarbeit in qualitativer Hinsicht zu leisten – einige der besten Beispiele dafür haben wir für Sie mit badischem Schwerpunkt und exzellenter Ergänzung von der Nahe und der Pfalz gefunden.

Denn es scheint wirklich, dass Grauburgunder unbedingt das richtige und durchaus anspruchsvolle Terroir braucht, um seine eigentliche Aussagekraft und sein Potenzial vollends unterstreichen zu können.

Melanie Wagner, Chef-Sommelière im Restaurant Schwarzer Adler in Oberbergen am Kaiserstuhl, ist gelernte Winzerin, Gault & Millau-Sommelière des Jahres 2010 und Eckart-Witzigmann-Preisträgerin für Lebenskultur.

Weiß-burgunder

Lange konnte man die Pinot-Blanc- nicht von der Chardonnay-Traube unterscheiden, und deshalb gibt es nur wenige zuverlässige Aufzeichnungen über die frühere Verbreitung des Weißburgunders. Sicher ist jedoch, dass er im Mittelalter von Zisterziensermönchen in den Rheingau gebracht wurde – und dass er heute eine der beliebtesten Weißweinsorten Europas ist. In Deutschland sind Baden, Rheinhessen und vor allem die an sich klassische Riesling-Region Pfalz die Gebiete mit den größten Weißburgunder-Anbauflächen. Und aus der Pfalz kommen auch gleich sieben der zehn hier vorgestellten herausragenden Weißburgunder.

2018 MANDELBERG
Weingut Bergdolt – Klostergut St. Lamprecht, Pfalz

DER WEIN Sanft, dicht und wunderbar frisch, beinahe kühl am Gaumen – so präsentiert sich dieser Weißburgunder aus den kalkhaltigen Böden des Kirrweiler Mandelbergs. Man merkt diesem Wein in jedem Bereich die Sorgfalt an, mit der hier gearbeitet wird, und er hat in seinem Segment durchaus das Potenzial, Maßstäbe zu setzen.

DAS GUT Zuerst in Kirchen-, dann in Kurfürstenbesitz wird dieses traditionsreiche Weingut seit 1754 von der Familie Bergdolt geführt – inzwischen von Rainer und seiner Tochter Carolin bereits in achter bzw. neunter Generation. Carolin war es auch, die bei ihrem Einstieg im Jahr 2009 auf ökologischen Weinbau umstellte.

www.weingut-bergdolt.de

2019 RÉSERVE
Weingut Borell-Diehl, Pfalz

DER WEIN Ein komplexer, stimmiger Wein mit feinen Röstaromen und pikanter Salzigkeit, der völlig zu Recht zu den Aushängeschildern des Weinguts zählt. Er kommt saftig, mit geschmeidiger Eleganz, ausbalancierter Säure und einer stattlichen Länge daher. Auch die Fruchtaromen entfalten sich nicht aufdringlich, sondern mit dezenter Würze.

DAS GUT Grau- und Weißburgunder waren bereits für den 2020 verstorbenen Seniorchef Adolf Borell die bevorzugten Rebsorten. Thomas Diehl und sein Sohn Georg, die heute das 32 Hektar große Weingut führen, haben hier vor allem in der „Réserve"-Kategorie neue Qualitätsmaßstäbe gesetzt. Sie produzieren aber auch einen viel beachteten Winzersekt.

www.borelldiehl.de

2018 „GRANDE RÉSERVE"
Weingut Bietighöfer, Pfalz

DER WEIN Ein bisschen etwas hat dieser Wein von dem Tiger, der das Etikett ziert. Wild, ungezähmt und verwegen entwickelt er sich bereits in der Nase und entführt in einen duftenden Geruchsdschungel mit nussigen Anklängen, Bananen, Aprikosen, Zimtnoten und feinem Holz. Und auch wenn dieser „Tiger" einen Abgang macht, tut er das geschmeidig und majestätisch-kraftvoll.

DAS GUT Stefan Bietighöfer ist ein origineller Winzer mit Sinn für doppelbödigen Humor und feine Ironie. Keinen Spaß versteht er aber bei Nachhaltigkeit, weshalb er nach strengen Demeter-Vorgaben produziert. Seine „Grande Réserve"-Weine lässt er spontan vergären.

www.bietighoefer.de

2018 „TONNEAU"
Weingut Dreissigacker, Rheinhessen

DER WEIN Im 500-Liter-Holzfass auf der Feinhefe vinifiziert, wuchs dieser „kleine Bruder" des weißen Spitzenburgunders „Einzigacker" vielschichtig und extraktreich heran. Feine Holzwürze sowie Vanille, Karamell und Zimt treffen auf delikate Frucht. Etwas Reduktivität gibt Spannung.

DAS GUT In den Weinbergen in Bechtheim und Westhofen wachsen die Trauben, aus denen Jochen Dreissigacker und Kellermeister Achim Bicking mit schöner Regelmäßigkeit außergewöhnliche Weine generieren. Konsequent ökologisch und biodynamisch werden hier die Rebhänge bearbeitet, zeitaufwendige Handarbeit ist in diesem erfolgreichen Weingut eine Selbstverständlichkeit.

www.dreissigacker-wein.de

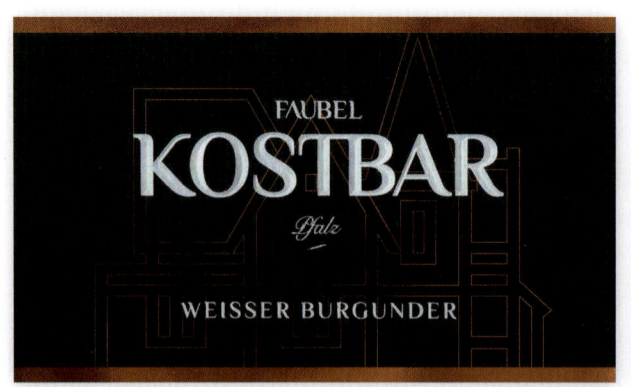

2019 „KOSTBAR"
Weingut Faubel, Pfalz

DER WEIN Die Lage Kapellenberg am Fuß des Wetterkreuzbergs ist mit ihrem von Lehm und mergeligem Kalk geprägten Böden prädestiniert für Burgunderweine. Und dieser Pinot Blanc kommt bereits in der Nase außergewöhnlich würzig daher. Dezente Aromatik mit Anklängen an Birne und Zitrusfrucht.

DAS GUT Die Verbindung von Tradition und Innovation kommt in diesem Weingut schon allein optisch zum Tragen. Das 1904 erbaute Gutshaus steht neben den modernen neuen Gebäuden inklusive Weinstube. Und auch in der Produktion dieser typischen Pfälzer Weine gehen traditionelle Handarbeit im Weinberg und moderne Kellertechnik Hand in Hand.

www.weingut-faubel.de

2019 SONNENBERG „REITSCHUL"
Weingut Jülg, Pfalz

DER WEIN Da kommt einer ganz und gar ungezügelt daher, mit intensiver Salzigkeit und starkem kalkmineralischem Extrakt. In der Nase machen sich feine Röstnoten von Holz und Karamell mit Anklängen ans Zitrusfruchtige breit. Der „Reitschul" ist ein spannender Wein, der gewiss noch einmal zulegt, wenn er nach ein paar Jahren Lager „aus der Box" darf.

DAS GUT Bei Jülg sind Grenzgänger am Werk, liegen doch die Weinberge zur Hälfte in Deutschland und zur anderen Hälfte im Elsass. Musste Oskar Jülg, der Großvater des aktuellen Weingut-Chefs Johannes, im Weinberg noch seinen Reisepass mitführen, kann man sich heute längst ohne Bürokratie grenzenlos vom Besten aus beiden Welten inspirieren lassen.

www.weingut-juelg.de

2019 WIHLBACH ***
Weingut Knab, Baden

DER WEIN In der Nase dominiert eine fein-pflanzliche, kräuterige Note mit Anklängen von schwarzem Tee, am Gaumen entwickelt sich eine sehr lebendige Säure. Ein im großen Holzfass ausgebauter Wein mit Biss und Charakter, der dennoch warm und mit zartem Schmelz die Geschmacksknospen umschmeichelt.

DAS GUT Seit 2016 ist Johannes Rinker Chef im Weingut Knab, wo der Weißburgunder mit 35 Prozent der gesamten Betriebsfläche von 23 Hektar einen enormen Stellenwert einnimmt. Die ältesten ***-Anlagen sind über 40 Jahre alt, was zu hoher Mineralität, Dichte und Frische bei diesen Weißburgundern führt, die auch die herausragendsten und besten Weine des Guts sind.

www.knabweingut.de

2018 STEINENWEG „RESERVE"
Arndt Köbelin, Baden

DER WEIN Ein konzentrierter, vielschichtiger Weißburgunder aus der steinigsten Lage des Weinguts. Es lässt sich eine feine Röstaromatik mit Anklängen von Tabak herausschmecken, und in Summe hat man hier einen anspruchsvollen, delikaten Wein vor sich, der gekonnt burgundische Raffinesse mit der Kraft der Böden am Fuß des Kaiserstuhls verbindet.

DAS GUT Die Eltern lieferten noch Trauben an die örtliche Winzergenossenschaft, Arndt Köbelin versechsfachte die Anbaufläche und baute am Fuß der Eichstetter Weinberge sein eigenes Weingut, wo er durch sorgsame Bearbeitung und mit viel Fingerspitzengefühl starke Weine entstehen lässt.

www.weingut-koebelin.de

2019 KALMIT
Weingut Kranz, Pfalz

DER WEIN Ein dichter Weißburgunder mit hoher Mineralität, die dem weißgrauen Tertiärkalk am Kleinen Kalmit geschuldet ist. Mit Noten von Birnen und Jasmin und leichten Anklängen von Wacholder kommt er zunächst fast verspielt daher, betont dann aber seine fein strukturierte und gut ausbalancierte Eleganz. Ein lebendiger und noch gut reifungsfähiger Wein.

DAS GUT Boris und Kerstin Kranz sind die vierte Generation, die dieses Weingut bewirtschaftet, und sie tun das nach streng biologischen Kriterien. Denn ihre Weine sollen vor allem zwei Kriterien erfüllen: klare Kontur und hundertprozentige Authentizität, die die speziellen Lagen, wie etwa den Kalmit, unverfälscht und unverwechselbar in die Flasche bringen sollen.

www.weingut-kranz.de

2019 MÜNZBERG „SCHLANGENPFIFF"
Weingut Münzberg, Pfalz

DER WEIN Dieser Wein prescht in der Nase vollfruchtig und mit intensiven Blütenaromen fast ein wenig ungestüm vor, ehe er sich am Gaumen samtig und weich als zwar immer noch kräftiger, jedoch auch ziemlich eleganter Weißburgunder präsentiert. Hier ist ein sehr spannender, vielfältiger Pfalzwein mit guter Reifefähigkeit gelungen.

DAS GUT Lothar Keßler hat eine stringente Philosophie: Er sieht sich und seine Weinbau-Instrumente als Diener des Weins; dazu da, um zu vollenden, was die Natur begonnen hat. Denn Frucht, Fülle, Finesse, Aroma und spielerische Lebendigkeit sind seiner Ansicht nach in der Traubenbeere bereits gespeichert – man müsse das nur so schonend und feinfühlig wie möglich zur Entfaltung bringen.

www.weingut-muenzberg.de

Vom Mitläufer zum Alleskönner

Lange Zeit war der Weißburgunder ein Mitläufer. Wenig beachtet stand er im Schatten seines Bruders Grauburgunder und des deutschen Königs Riesling. Beinahe heimlich, still und leise hat er sich aber in Deutschland auf Platz vier der weißen Sorten vorgearbeitet und seine Rebfläche innerhalb der vergangenen 25 Jahre verdreifacht. Die heute gut 5700 Hektar bedeuten im weltweiten Vergleich Platz eins.

Es waren – einmal mehr – die Zisterzienser, die die Mutation des Pinot Noir in den gemäßigten Klimazonen Mitteleuropas verbreiteten; lange Zeit wurde sie allerdings mit dem Chardonnay in einen Topf geworfen, in der Hochburg Südtirol beispielsweise bis in die 1990er-Jahre. Zu finden ist der Weißburgunder in allen 13 deutschen Anbaugebieten, zu ganz großer Form läuft er in wärmeren Lagen mit nährstoffreichen Böden auf, also in Baden und in der Pfalz, wo er gerade auf kalkhaltigen Böden besonders beeindruckend geraten kann.

Der vermeintliche Mitläufer ist in Wahrheit ein Alleskönner: vom frischen, apfelfruchtigen Wein für laue Sommerabende bis zum kraftvoll-tiefgründigen, im Holz ausgebauten Großen Gewächs – der Interpretationsspielraum ist groß und der Weißburgunder weiß in allen Gewichtsklassen zu überzeugen.

Sein größtes Plus ist zweifellos seine Vielseitigkeit als Speisenbegleiter. Da ist zunächst seine dezente Aromatik, mit der er sich nicht in den Vordergrund spielt: zarte Frucht (Apfel, Birne, Zitrus) bei jungen, leichten Exemplaren, nussig-würzige Anklänge bei ausgewachsenen Vertretern. Dazu kommt eine präsente, aber nie zu fordernde Säure, die die typische Entspanntheit ins Spiel bringt, die man bei anderen Sorten bisweilen vergeblich sucht.

So harmoniert ein leichter Weißburgunder etwa wunderbar mit mediterranen Vorspeisen, aber auch mit zartem Süßwasserfisch, kräftigere Varianten gesellen sich zu herzhaft gewürzten Nudel- und Gemüsegerichten und ein großer, gereifter Weißburgunder adelt helles Fleisch wie einen Kalbsbraten, liebend gerne in Verbindung mit Pilzen.

Große Weißburgunder? Gibt es so etwas überhaupt? Nun, der Weißburgunder drängt sich auch hier nicht in den Vordergrund, das ist nicht sein primärer Anspruch – doch es gibt große Weißburgunder, wie die Gault & Millau-Verkostung eindrucksvoll belegt. Wie Chardonnay werden Spitzenweißburgunder überwiegend im Holz ausgebaut, nicht so oft wie der Chardonnay im Barrique, dafür im Tonneau oder Doppelstück, was seiner filigraneren Art entgegenkommt. Meist macht er dann auch den biologischen Säureabbau durch, bei dem Apfel- und Weinsäure in weichere Milchsäure umgewandelt wird. So entstehen Weine, die burgundische Kraft und Schmelz mit typisch deutscher Frische vereinen und viel Weingenuss bei moderaten Preisen bieten. Dabei ist das Ende der Karriereleiter für den Weißburgunder wohl noch nicht erreicht. Mit fortschreitendem Klimawandel wird diese Sorte, die von Natur aus nicht zu extremen Mostgewichten neigt, noch stärker in den Fokus genommen werden, und man darf gespannt sein, was dann aus dem neuen Weißburgunderland Deutschland noch alles kommt.

Jossi Loibl schreibt seit mehr als 30 Jahren über gutes Essen und Trinken und hält unter anderem Weinseminare. Der Wein, der ihn endgültig mit dem Vino-Virus infizierte, war ein Weißburgunder aus Südtirol.

IM REICH DER REBHÖLZER

An sich macht man ja keine Wortspiele mit Namen. Aber wenn sich Familie Rebholz schon selbst als „die Rebhölzer" bezeichnet, dann darf es sein. Und Weine machen sie, die Rebhölzer, alle Achtung! Ganz im Geiste des Herrn Ökonomierats.

ÖKONOMIERAT REBHOLZ

INHABER	Hansjörg Rebholz
GRÜNDUNG	17. Jahrhundert
REBFLÄCHE	25 Hektar
PRODUKTION	120.000–150.000 Flaschen
LAGEN	Burrweiler Schäwer, Ganz Horn, Kastanienbusch, Mandelberg, Siebeldinger Sonnenschein
REBSORTEN	Riesling, Weiß- und Spätburgunder, Sauvignon, Muskateller

Ökonomierat Rebholz

Natur- und familienverbunden:
Die Rebholz-Zwillinge Valentin
und Hans mit dem Foxterrier Rudi.

Hektor rennt aufgeregt über den Innenhof. Er jagt Schmetterlinge und Hummeln. Glyzinien ranken sich an den Wänden hoch, Rhododendren und Olivenbäumchen wachsen in halben Weinfässern, die mit Erde befüllt sind. Überall summt und schwirrt es. Hektor, ein Kleiner Münsterländer, ist zwar ein ausgebildeter Jagdhund, aber das Fangen von Insekten gehört eigentlich nicht zu seinen Aufgaben. Als der Hund schwanzwedelnd näherkommt, fällt eine Narbe über seinem Auge auf. „Ein Arbeitsunfall", sagt Valentin Rebholz, „Hektor ist mit dem Schädel gegen ein Barrique-Fass gerannt, als er eine Maus gejagt hat." Hektors Herrchen ist zusammen mit seinem Zwillingsbruder Hans gerade dabei, die Weinlese organisatorisch vorzubereiten. Als Seniorchef Hansjörg Rebholz zur Begrüßung winkt, fällt auf, dass ihm die Hälfte des rechten Zeigefingers fehlt. „Auch ein Arbeitsunfall", sagt der Senior gelassen, „mir ist mal die Hand in die Korkmaschine geraten, das war 1988." Den Händen seiner Söhne Hans und Valentin sieht man die Arbeit im Weinberg zwar an, aber sie scheinen unversehrt.

Gute Nase, Köpfchen und dazu die Bereitschaft zu unerschrockenem körperlichem Einsatz – das zeichnet nicht nur den Kleinen Münsterländer aus, sondern offensichtlich auch alle anderen Mitglieder der Familie Rebholz. Zur Winzerfamilie, die das Weingut in Siebeldingen führt, gehören Seniorchef Hansjörg, 63, seine Frau Birgit, 52, die Zwillinge Hans und Valentin, 26, und Tochter Helene, 21. Die Familiengeschichte ist schriftlich belegt bis zum Dreißigjährigen Krieg. Die Vorfahren der Familie Rebholz betrieben in Siebeldingen an der Weinstraße stets eine Landwirtschaft, zu der auch Weinbau gehörte – zur Hauptsache wurde er erst in den 1930er- und 1940er-Jahren durch Hansjörgs Großvater Eduard Rebholz, jenen Ökonomierat, nach dem das Weingut bis heute benannt ist.

Ökonomierat Rebholz (1889–1966) prägte ab 1943 einen Stil, für den das Weingut weit über die Südpfalz hinaus bekannt wurde: naturbelassene, elegante Weine, deren Charakteristik vor allem durch die stark unterschiedlichen Bodenbeschaffenheiten in den Hügeln rund um Siebeldingen beeinflusst wird. Lange bevor Terroir in Deutschland ein Modewort wurde, hat das Weingut Rebholz lokale Besonderheiten herausgearbeitet. Den hauseigenen Weintyp haben die Erben des Ökonomierats konsequent über die letzten Jahrzehnte verfeinert. Dazu gehört auch die biodynamische Bewirtschaftung, eine wichtige Basis für die Spitzenqualität der Weine.

Immer billiger, immer gefälliger, immer verwechselbarer – in diese Richtung entwickelt sich die industrielle Weinproduktion seit Jahren. Bei Rebholz hat man sich für die Gegenrichtung entschieden: lieber wenige, hochklassige und individuelle Weinpersönlichkeiten als austauschbare Massenware. Der Typ Rebholz habe anfangs „eher provoziert, später brachte er unserem Haus Anerkennung und Erfolg", sagt Hansjörg Rebholz. So charakterstark seine Ersten Lagen und Großen Gewächse auftreten, so zurückhaltend wirkt der Seniorchef selbst. „Er ist eher ein ruhiger Beobachter", beschreibt ihn Sohn Hans, „er sagt nicht viel, nur die nötigen Sachen."

Also, die nötigen Sachen zum Weingut, ein paar Zahlen und Fakten: Auf 25 Hektar bauen die Rebhölzer, wie sie sich selbst nennen, hauptsächlich Riesling und Burgunder-Sorten an, davon die Hälfte Spätburgunder, die andere Hälfte Weiß- und Grauburgunder, außerdem kleine Anteile Chardonnay, Sauvignon und Gewürztraminer. Die kleinteilige Parzellierung und die Vielfalt der Rebsorten sind typisch für die Südpfalz. Landschaft, Tradition, Kultur und Dialekt sind dem nahen Elsass ziemlich ähnlich. Bei einer lautlosen Rundfahrt im nagelneuen Hybrid-Auto durch die Weinbaugebiete rund um Siebeldingen erklären Hans und Hansjörg Rebholz, welchen Einfluss die örtlichen Gegebenheiten auf den Wein haben.

In der Gegend um Siebeldingen grenzen die sanften Hügel der Pfalz an die bewaldeten Berge des Pfälzerwalds. Auf der anderen Seite der Rheinebene sieht man den Schwarzwald, im Süden grenzt das Elsass an. Verschiedene Gesteinsschichten sind am Rand des Oberrheinischen Grabens nebeneinander offengelegt, alle paar hundert Meter ändern sich Farbe und Konsistenz: Rotliegendes (eisenhaltiger Schiefer), Muschelkalk, Schiefer, Buntsandstein, Lösslehm. Je nach Bodenbeschaffenheit verändern sich Mikroklima, Flora und Fauna, Mineraliengehalt und letztlich auch der Geschmack der Trauben, die dort wachsen.

In der Steillage Kastanienbusch ist der Boden rot, fast violett. Hier wächst Riesling, aus dem ein Großes Gewächs entsteht – der Wein kommt einem im Mund würzig vor, mit frischen Kräuternoten. Die gleichen Riesling-Trauben schmecken deutlich anders, wenn sie auf Muschelkalk reifen oder auf Schiefer. Und je nach Boden wachsen Klee, Malven, Leguminosen, Kräuter oder gar nichts zwischen den Rebstöcken. Einige Böden sind so reichhaltig, dass man nie düngen muss, andere müssen

Ökonomierat Rebholz

Schlichtes Etikett, großer Geschmack: Der Riesling aus der Lage Kastanienbusch, ein Großes Gewächs, gedeiht auf Rotliegendem und reift in Holzfässern.

Ökonomierat Rebholz

„Jugend, Pubertät und Erwachsenenphase können bei Weinen relativ lang sein."

Hansjörg Rebholz

aufwendig gepflegt und bewässert werden. „Man muss das ganze Ökosystem sehen, nicht nur die Reben", sagt Hansjörg Rebholz, „diese ganzheitliche Sicht ist auch die Grundlage des biodynamischen Wirtschaftens."

30 Weine produziert die Familie Rebholz, alle werden akribisch nach Lagen getrennt ausgebaut. Auch schwer verkäufliche Rebsorten wie Gewürztraminer werden nicht abgestoßen und durch populärere Gewächse wie Sauvignon ersetzt, weil Gewürztraminer eben zur Region gehört. Die Grundidee des Ökonomierats soll fortgeführt werden: ortstypische Weine produzieren, ausschließlich mit dem, was der Boden vorgibt. Das scheint bestens zu funktionieren, zumal es gut in die Zeit passt. Die Nachfrage nach authentischen, regionalen Bio-Produkten ist in den letzten Jahren stark gestiegen, und qualitätsbewusste Genießer sind bereit, dafür auch hohe Preise zu bezahlen. Einen Silvaner-Gutswein kann man bei Rebholz schon ab 9,90 Euro kaufen, aber ein Drittel des Sortiments sind Große Gewächse mit Flaschenpreisen ab 48 Euro.

Bei der Verkostung spricht Hansjörg Rebholz von seinen Spitzenweinen wie über seine Kinder. Ihm geht es darum, die Entwicklung eines Weins in verschiedenen Reifestadien zu zeigen, er gießt ein paar Schlückchen des Großen Gewächses „Ganz Horn" der Jahrgänge 2020, 2019, 2018 und 2015 ein. „Jugend, Pubertät und Erwachsenenphase können bei Weinen relativ lang sein", sagt er. Den Weißburgunder „Im Sonnenschein", ebenfalls ein Großes Gewächs, könne man problemlos 30 Jahre im Weinkeller lassen, dann sei er möglicherweise erst im besten Alter.

Bei Hansjörg Rebholz war der Übergang von der Jugend ins Erwachsenenleben etwas abrupter: Als sein Vater 1978 starb, musste er den Betrieb als 19-Jähriger übernehmen. Sein älterer Bruder arbeitet in der Autobranche, seine zwei jüngeren Geschwister haben eine Weinbaulehre gemacht, für sie kam der Familienbetrieb

aber nicht in Frage. Seine Frau Birgit kommt aus einer Familie, die nebenerwerblich Weinbau betrieb. Birgit war 1989 Pfälzer Weinkönigin und 1990 die erste gesamtdeutsche Weinkönigin, ein Amt, das sie eine Zeit lang voll beanspruchte. Auch als anschließend die Kinder kamen, gingen Privatleben und Weinbau immer Hand in Hand. „Es war früher während der Erntezeit immer ein Kampf, die Kinder abends ins Bett zu bringen", erzählt Birgit Rebholz, „sie wollten lieber mithelfen als schlafen." „Das stimmt", bestätigt Hans Rebholz, „die Weinlese war spannender als das Lesen in der Schule."

Die Zwillinge lernten schon als Kinder Traktor fahren, Tochter Helene half früh im Büro und beim Verkauf mit. Vater Hansjörg übertrug den Jungen bald eigene Weinberge mit Spätburgunder-Reben als Experimentierfeld. Seit 2016 haben Hans und Valentin nach und nach weitere Verantwortungsbereiche im Betrieb übernommen. Tochter Helene geht in eine andere Richtung, sie studiert Mathematik und Biologie. Mittlerweile sind die Zwillinge mehr oder weniger selbst verantwortlich für die Weinproduktion, die Eltern kümmern sich um Verkauf und Vermarktung.

Bei Generationswechseln ist es normal, dass es auch mal knirscht und kracht, aber die Familie Rebholz sitzt auffallend einträchtig am Holztisch im Innenhof des Weinguts. „Ich hatte nie das Gefühl, wir müssen rebellieren, weil es sowieso schon genau so läuft, wie man es machen sollte", sagt Hans. Die Idee seines Urgroßvaters, „naturreinen Wein" zu produzieren, der nicht künstlich gesüßt oder sonst irgendwie aromatisiert wird, war eben schon vor 80 Jahren ein sehr moderner Gedanke. Geschmacklich frisieren oder gar überschminken müssen die Rebholz-Jungs gar nichts. Allenfalls die Beule ihres Hundes Hektor könnte man kaschieren, ist aber in Wirklichkeit auch nicht nötig. Bei einer naturnahen Haltung eines Jagdhunds gehören solche Schrammen dazu.

AUSGESCHENKT WELTWEIT

SCHWEDEN	SPANIEN	USA	USA
– Oaxen	– El Cellar de can Roca	– Manresa	– Saison
oaxen.com	cellercanroca.com	www.manresarestaurant.com	www.saisonsf.com

Im Sonnenschein: Birgit Rebholz war 1989 Pfälzer Weinkönigin und 1990 die erste gesamtdeutsche Weinkönigin. Sie kommt auch aus einer Winzer-Familie.

Ökonomierat Rebholz

63

VERKOSTUNGSNOTIZEN

2016 KASTANIENBUSCH RIESLING

Der Wein zeigt ein perfektes Zusammenspiel aus Reife und Mineralität, Frucht und Säure sowie Dichte und Eleganz. Lagentypisch wird der Duft zum einen durch den Boden mit seinen markanten mineralischen Aromen – Rauch, Pfeffer, Feuerstein, Heu, Tee, Kräuter – geprägt, zum anderen kommen von der Rebsorte Riesling Zitrus-, Apfel-, Pfirsich- und Aprikosenaromen. Auch geschmacklich wiederholt sich dieses Doppelspiel: Die Rebsorte steuert den fruchtigen und der Boden den kräuterig-würzigen, mineralischen Geschmack bei. Der Wein verfügt – wie alle Rebholz-Weine – über ganz großes Lagerpotenzial.

2015 GANZ HORN RIESLING

Typisch für den Weinberg Ganz Horn im Sonnenschein ist sein Duft nach ersten Regentropfen an einem heißen Sommertag. Dieser große Wein zeichnet sich durch seine salzige Säure und die nicht enden wollende Länge aus. Stark mineralisch und würzig im Duft und mit den für den Buntsandstein typischen Zitrusnoten. Mineralität pur in der Nase. Sehr vielschichtig, komplex, mit einer eleganten Finesse und weiterem großen Lagerpotenzial.

2009 „IM SONNENSCHEIN" WEISSBURGUNDER

Auch wenn der Pinot Blanc im benachbarten Frankreich als nicht Grand-Cru-fähig gilt, hier im pfälzischen Birkweiler und unter der Rebholz'schen Ägide ist er das – und zwar mit Ausrufezeichen. Mehr natürliche Kraft und Saftigkeit, gepaart mit feinen Haselnuss-Noten und ausgestattet mit einer schier unendlichen Jugend, ist kaum vorstellbar. Ideal zu Sushi und Sashimi, wobei er Fisch und Umami gleichwohl tanzen lässt.

Josep Roca

Sommelier im El Celler de Can Roca, Barcelona

In der Küche des El Celler de Can Roca wird Wein wie eine weitere Zutat behandelt. Eine meiner ersten Kochkombinationen mit Wein als Inspiration war 1998 eine Foie gras mit Rosen und Litschis und den Aromen einer wunderbaren Siebeldinger Königsgarten Gewürztraminer Auslese Jahrgang 1994 von Ökonomierat Rebholz. Hansjörg Rebholz beeindruckt mich durch seine Vielseitigkeit und seine Weisheit, mit der er die verschiedenen Rebsorten begleitet, die er als talentierter und brillanter Komponist interpretiert.

Spät-burgunder für die Ewigkeit

Die Pinot-Noir- oder Spätburgunder-Traube gilt als launische Diva im Reich der Reben. Nur wer sie in Weinberg und Keller richtig zu behandeln weiß, kann sie zu Höchstleistungen bewegen. Dann aber legt sie eine erhabene Eleganz an den Tag, die ihresgleichen sucht. Vor allem in Baden und an der Ahr beherrscht man den Umgang mit ihr perfekt – längst aber auch in der Südpfalz und im gesamten Rheingau. Aus diesen vier Regionen stammen auch die zehn „Spätburgunder für die Ewigkeit", die wir Ihnen auf den folgenden Seiten vorstellen. Weine von zeitloser Güte, nach deren Genuss man feststellt, dass einem vorher etwas gefehlt hat.

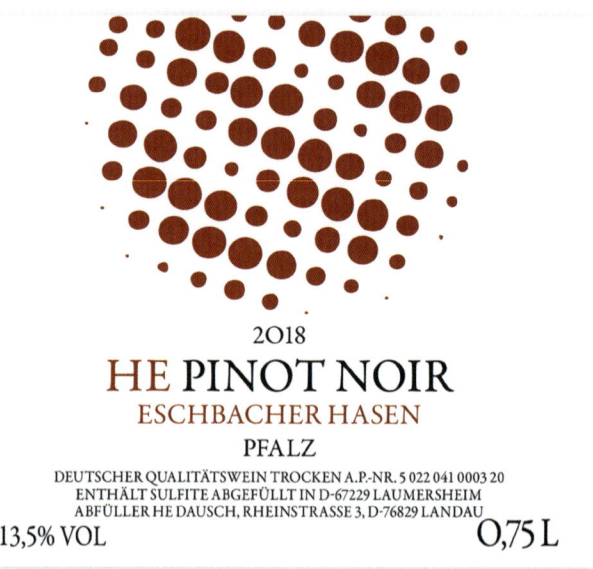

2018
HE PINOT NOIR
ESCHBACHER HASEN
PFALZ

DEUTSCHER QUALITÄTSWEIN TROCKEN A.P.-NR. 5 022 041 0003 20
ENTHÄLT SULFITE ABGEFÜLLT IN D-67229 LAUMERSHEIM
ABFÜLLER HE DAUSCH, RHEINSTRASSE 3, D-76829 LANDAU
13,5% VOL   0,75 L

2018
CUVÉE MAX
RHEINGAU
PINOT NOIR

AUGUST KESSELER

2018 IDIG
Weingut Christmann, Pfalz

DER WEIN Der Idig ist eine der besten Lagen der Pfalz, und entsprechend fruchtig, dicht und elegant geraten auch die Weine, die diesem Kalk-Basalt-Boden entspringen. So zeichnen auch den 2018er-Pinot-Noir hohe Mineralität und feingliedrige Struktur aus, kombiniert mit einer zarten Sauerkirschnote – ein Wein, der sich als sanfter Gleiter mit dezentem Charme entfaltet.

DAS GUT Mit Sophie Christmann, die 2018 bei ihrem Vater Steffen eingestiegen ist, hat sich bereits die neunte Generation dem Weinbau verschrieben. Sie hat davor unter anderem bei Julian Huber gearbeitet, dort ihre Affinität zum Spätburgunder verfeinert und trägt nun dazu bei, dass der Idig als wichtigster Weinberg nicht mehr nur als Monument für herausragenden Riesling steht.

www.weingut-christmann.de

2018 ESCHBACHER HASEN
Hans Erich „HE" Dausch, Pfalz

DER WEIN Eleganz, Finesse und Sinnlichkeit sind die Maßstäbe, nach denen HE Dausch einen gelungenen Pinot Noir definiert. Und darum hoppelt der „Eschbacher Hasen" auch nicht einfach in den Gaumen, sondern pirscht sich subtil an – mit dunklen Gewürznoten und Aromen, die gerade so viel preisgeben, dass immer noch ein hauchdünner Schleier von Geheimnis übrigbleibt.

DAS GUT Das Gut als solches existiert nicht, denn HE produziert beim bekannten Pfälzer Weingut Knipser in Laumersheim. Der ehemalige Skilehrer und Bankangestellte ist ein Original unter den Weinmachern, weil er seine Rebenkompetenz nicht durch Ausbildung erlangt hat, sondern sich die Fähigkeit, große Weine zu machen, erschmeckt und erfühlt hat – und das so gut, dass er heute Weinberater ist.

www.he-weine.de

2018 STEINRIESE
Franz Keller, Baden

DER WEIN Er sollte ein großer Pinot Noir werden und wurde ein ganz großer. Das vulkanische Terroir mit hohem Eisenanteil im 350 Meter hoch gelegenen Gewann Steinriese in der Lage Bassgeige tat das Seine, um ein einzigartiges, komplexes Geschmackserlebnis mit einem Duft nach Himbeeren, Kräutern, Kirsche und Johannisbeere zu ermöglichen. Ein echter Steinriese, der mit der Zeit sogar noch ein Stück über sich hinauswachsen könnte.

DAS GUT Dem Wein muss man seine Herkunft anmerken und den Boden, auf dem er gedeiht, sagen Fritz und Friedrich Keller, Senior- und Juniorchef des Weinguts. Und Letzteres fügt sich auch selbst auf einzigartige Weise in die Umgebung ein – terrassenförmig angelegt und mit begrüntem Dach ist es ein Symbol der Verwurzelung und der naturnahen Arbeitsweise dieser Winzer.

www.franz-keller.de

2018 CUVÉE MAX
August Kesseler, Rheingau

DER WEIN Max macht mobil – als edles Gaumenspiel. Schluck für Schluck geht die Komposition aus Assmannshauser Toplagen ein wenig mehr aus sich heraus und offenbart sich schließlich als geschmeidiges Gesamtkunstwerk mit raffinierten Aromen von Kräutern bis Kirschen. Benannt ist der in Barrique-Fässern ausgebaute Tropfen nach Kellermeister Max Himstedt.

DAS GUT Einst ein kleiner Fassweinbetrieb mit 2,5 Hektar Fläche, ist das Weingut August Kesseler heute eine Top-Adresse im Rheingau mit internationalem Renommee. Und das wohl auch deshalb, weil der Winzer und sein Team mit der „Diva" Pinot Noir äußerst feinfühlig umzugehen wissen und sie Jahr für Jahr zu großen Auftritten bewegen können.

www.august-kesseler.de

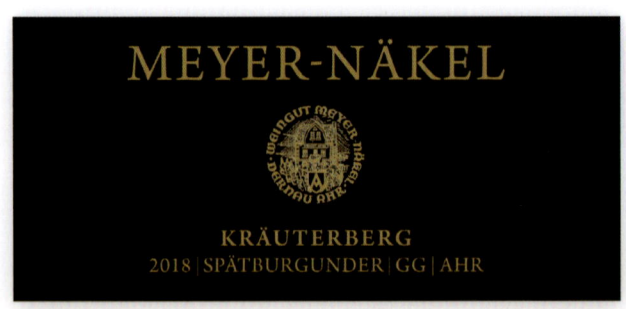

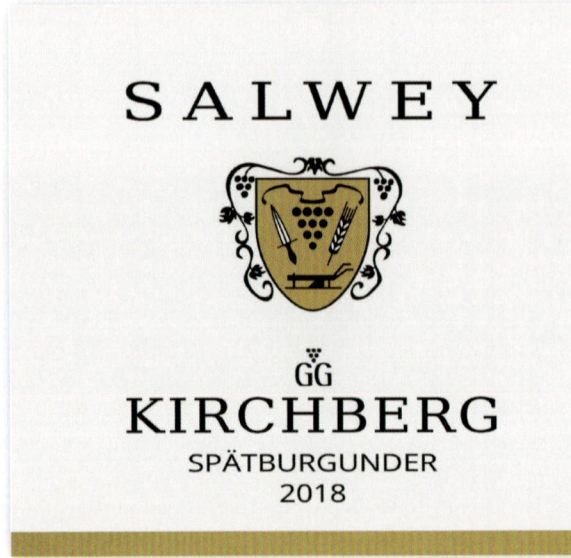

2015 RESERVE DU PATRON „RDP"
Weingut Knipser, Pfalz

DER WEIN   Der wahrhaft Große macht sich immer ein bisschen kleiner, und darum kommt der Spätburgunder von Knipser mit drei Buchstaben aus: RdP. Das „Reserve du Patron" schreibt sich dann in seiner ganzen Länge ohnehin auf den Gaumen – aromatisch-fruchtig, würzig und mit einer dunklen Kirschnote. Ein Wein, den man getrost noch ruhen lassen kann. Wer das nicht erwarten kann, möge ihn dekantieren.

DAS GUT   Aus einem landwirtschaftlichen Mischbetrieb machten die Brüder Werner und Volker Knipser eines der führenden deutschen Weingüter, in dem Werners Sohn Stephan schon als nächste Generation Weingeschichte mitschreibt. Die sonnenverwöhnten Weinberglagen um Laumersheim erwiesen sich als großes Plus bei der Entstehung großer Weine.

www.weingut-knipser.de

2018 KRÄUTERBERG
Weingut Meyer-Näkel, Ahr

DER WEIN   Ein reintöniger Wein mit viel Frucht in der Nase. Kirsche, Sauerkirsche, schwarze Beeren, Kakao und Pfeffer entfalten sich zu einem komplexen Bouquet. Und natürlich fehlt auch – nomen es omen – die Andeutung mediterraner Kräuter nicht. Am Gaumen zeigt der Kräuterberg eine feine Tanninstruktur. In Summe ein Wein, den man nicht so schnell vergisst.

DAS GUT   Auf dem Kräuterberg wird es mitunter so steil, dass die Lagen terrassiert sind und die Trauben handgelesen werden. „Steile" Spätburgunder entstehen hier schon seit drei Generationen, wobei die Schwestern Dörte und Meike Näkel das Weingut nach der Übernahme von ihrem Vater Werner noch nachhaltiger in der Weltklasse verankerten.

www.meyer-naekel.de

2018 KIRCHBERG
Konrad Salwey, Baden

DER WEIN   Der Kirchberg ist im Sommer ein Glutofen, in dem nur alte, tief verwurzelte Reben bestehen können. Aus dem Herzstück dieser Reben kommt der Spätburgunder, der durch sein straffes Säuregerüst und den hohen Gerbstoffanteil, den er dem vulkanischen Untergrund verdankt, extrem langlebig ist. Ein Wein, der nicht mächtig, sondern fein und zurückhaltend daherkommt.

DAS GUT   Konrad Salwey hat eine klare Vorstellung von Wein, und die setzt er konsequent um. Der Winzer, der nach seiner Ausbildung zum Önologen ab 2002 peu à peu das elterliche Weingut in Oberrotweil am Kaiserstuhl übernahm, gilt als Vorreiter für leichte, frische und alkoholarme Burgunderweine, denen er ausreichend Zeit in Barrique-Fässern gewährt.

www.salwey.de

2018 OBERER FIRST
Weingut Schlör, Baden

DER WEIN   Eine starke Ansage mit klar erkennbarem Charakter und der berechtigten Aussicht, dass mit ein wenig Geduld und Flaschenreifung ein Geschmackserlebnis der besonderen Art ansteht. Die Leidenschaft, mit der sein Schöpfer ans Werk geht, spricht schon jetzt aus diesem ungemein rund konturierten Spätburgunder mit seiner dunklen Kirschnote. Mit etwas Zeit kann sich diese aber noch zu einem Rausch der Sinne entwickeln.

DAS GUT   Konrad Schlör beherrscht sein Handwerk, aber das, sagt er, ist keine Kunst. Die wichtigsten Zutaten, um besondere Weine zu machen, sind für ihn Begeisterung und Kreativität – und das Bestreben, die unbändige Kraft des von Muschelkalk und Buntsandstein geprägten Taubertaler Terroirs im Reicholzheimer First ohne Reibungsverlust und in höchster Qualität auf seine Rotweine zu übertragen.

www.weingut-schloer.de

2018 HERRENBERG „ALTE REBEN"
Jean Stodden, Ahr

DER WEIN Wer bei diesem Spätburgunder einen wuchtigen Pinot-Urknall im Mund erwartet, wird eines Besseren belehrt. Hier kommt alles ganz fein daher – das Tannin, der Säurefaden, und auch Johannisbeere und Kirsche schleichen sich als aromatischer Hauch auf leisen Sohlen an. Dieser Wein ist nichts weniger als eine Sinfonie der Zartheit und ein Genuss für Feinspitze.

DAS GUT Alexander Stodden, der nach dem Önologie-Studium und Lehr- und Wanderjahren in Südafrika und den USA 2001 im elterlichen Weingut an der Ahr eingestiegen ist, lebt gut mit seinem Beinamen „Der Pinot-Noir-Verrückte von der Ahr". Er achtet schon beim Rebschnitt auf Qualität statt Masse und lässt die Kraft von Boden und Sonne nur den besten Trauben zukommen. Und das schmeckt man auch.

www.stodden.de

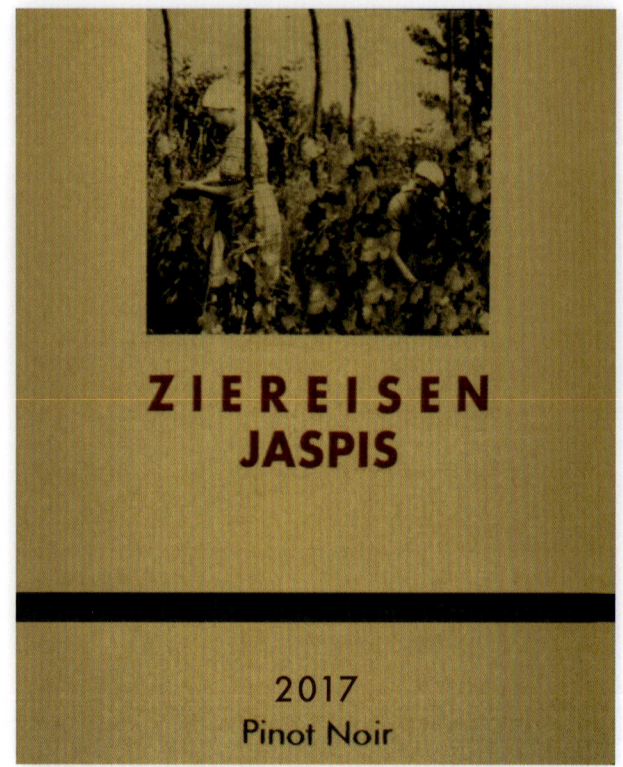

2017 „JASPIS" BÜRGIN
Weingut Ziereisen, Baden

DER WEIN „Jaspis" bezeichnet im Haus Ziereisen jene Weine, die aus Trauben von alten Rebstöcken gekeltert wurden. Sie sind besonders ausdrucksstark und weisen eine hohe Mineralität auf. So entwickelt auch der 2017er bereits in der Nase eine große Intensität, um im Mund sein fruchtiges Wechselspiel von roter Kirsche und einer Andeutung von Holunder fortzusetzen.

DAS GUT Die Weinberge im Efringer Ölberg sind eine ideale Basis für Weine, wie sie Hanspeter Ziereisen vorschweben. Die Böden sind – vergleichbar mit denen des Burgund – aus Jurakalk, und das verleiht den Weinen eine kühle Finesse, einen ganz speziellen, für manchen Gaumen ungewohnten Charakter – aber es lohnt sich definitiv, sich damit vertraut zu machen.

www.weingut-ziereisen.de

Weine, die man nie vergisst

Pinot Noir, Spätburgunder, Blauburgunder: Es kommt wohl bei jedem Weinliebhaber irgendwann der Moment, an dem er sich eingestehen muss, dass diese Rebsorte die Königin der Rotweine ist – nicht immer leicht zu verstehen und sehr eigenwillig, eine echte Diva eben. Auch wenn nicht jeder große Burgunder immer das zeigt, was er zeigen soll und was man erwartet, werden bei der richtigen Flasche Emotionen geweckt, die man nie wieder vergisst, und so können diese Weine jemandes Weinwelt regelrecht auf den Kopf stellen. Weine, die trotz ihrer Leichtfüßigkeit und Eleganz ewig am Gaumen hängen, ohne jemals schwerfällig zu wirken. Weine, die auf der Zunge tänzeln wie eine Ballerina und trotzdem Kraft und Druck wie ein Presslufthammer haben. Das können nur Pinot Noirs …

Der deutsche Spätburgunder gehört mittlerweile zu den großen Rotweinen der Welt. Er hat es geschafft, sich sein eigenes Ich aufzubauen und äfft schon lange nicht mehr nur die großen französischen Pinot Noirs nach. Baden, Pfalz, Rheingau, Rheinhessen, Franken bis hin zur Mosel – jede dieser Regionen hat inzwischen Pinot-Noir-Experten, die jedes Jahr aufs Neue beweisen, wie fantastisch deutscher Spätburgunder sein kann. Gut strukturiert, trotzdem elegant, mit feinem Tannin, würzig, sehr komplex, meist mit deutlichem Holzeinsatz, der dank des nördlichen Weinlands und der daraus resultierenden meist sehr knackigen Säure aber wunderbar eingebunden wird.

Viele dieser exzellenten Pinot Noirs zeigen jedoch erst nach vielen Jahren ihr volles Potenzial und erweisen sich in der Jugend manchmal als schwer zugänglich. Manche dieser Weine, wie beispielsweise ein gereifter Wildenstein von Bernhard Huber, ein Hundsrück aus dem Centgrafenberg von Paul Fürst oder ein Großes Gewächs von Friedrich Becker, haben kein Problem, nach ihrem Märchenschlaf nach zehn, fünfzehn oder auch mehr Jahren erst richtig aufzuwachen und uns zum Staunen zu bringen. Weine für die Ewigkeit eben! Und vor allem in diesem Zusammenhang wird man solche Weine nie vergessen.

Dass der deutsche Spätburgunder auch international an Bekanntheit gewinnt, zeigt sich sehr gut bei uns im Fünf-Hauben-Restaurant St. Hubertus. Man kann sich denken, dass in einem Restaurant in Italien ein deutscher Rotwein nicht immer die erste Wahl ist, aber so manch einer wäre überrascht, wie viele vor allem auch italienische Gäste zu deutschen Pinot Noirs greifen. Mir selbst und unserem Sommelier-Team macht es besonderen Spaß, unseren Gästen manchmal zwei Pinot Noirs blind nebeneinander einzuschenken. Ein großer Burgunder neben einem großen Spätburgunder: Man wäre überrascht, wie oft der berühmte Gevrey-Chambertin nur Platz zwei erreicht.

Deshalb sind wir im St. Hubertus stolz, mehrere deutsche Spätburgunder aus verschiedenen Regionen und mit Jahrgangstiefe anbieten zu können. Auch bei der Weinbegleitung überraschen wir Gäste aus aller Welt regelmäßig mit großen Pinot Noirs aus Deutschland.

Wenn mich als Österreicher, der in Italien arbeitet, der deutsche Spätburgunder überzeugt hat, muss das schließlich was heißen.

Lukas Gerges ist seit dem Sommer 2018 Restaurant Manager und Head Sommelier im höchstausgezeichneten Restaurant St.Hubertus von 5-Hauben-Koch Norbert Niederkofler in St. Kassian, Südtirol..

Spätburgunder für die Ewigkeit

WO DER HAMMER HÄNGT

Ganz im Westen des Frankenlandes zwischen Spessart und Odenwald liegt Bürgstadt am Main. Dort produzieren Vater Paul und Sohn Sebastian Fürst bayerische Burgunder-Weine von Weltformat.

WEINGUT RUDOLF FÜRST

INHABER	Paul & Sebastian Fürst
GRÜNDUNG	1638
REBFLÄCHE	21 Hektar
PRODUKTION	120.000 Flaschen
LAGEN	Bürgstadter Berg, Centgrafenberg, Hundsrück, Schlossberg
REBSORTEN	Chardonnay, Frühburgunder, Riesling, Spätburgunder, Weißburgunder

Weingut Rudolf Fürst

Hinter der Steinmauer befindet sich
das Wirtschaftsgebäude mit der
eindrucksvollen Holzfassade, in dem
der Wein gekeltert wird. Paul und
Monika Fürst haben die neuen Gutsgebäude 1979 errichten lassen.

Wenn Paul Fürst in wohl gewählten Worten von großen französischen und anderen international bedeutenden Weingütern schwärmt, von solchen, die er teils schon in jungen Jahren zum Zwecke der Fortbildung erstmals besuchte und von denen ihm einige inzwischen gut befreundete Weingüter sind, kommt ihm oft und gern diese spezielle Formulierung über die Lippen: Wo der Hammer hängt.

Kurzum, er spricht dann von den Besten der Besten. Spricht Paul Fürst hingegen von sich und seinem Betrieb, mit fröhlicher Stimme und dezentem fränkischen Dialekt, klingt das nicht annähernd so schwelgerisch. Gut, selbstbewusst ist der Mann sehr wohl, aber auf eine bescheidene, sehr zurückhaltende Art. Einer mit Bodenhaftung ist er, ungemein freundlich und ebenso zugänglich. Kein Prahler also, auch wenn er selbstverständlich weiß, wo in Deutschland in Sachen Burgunder-Weine der Hammer hängt. Bei ihm nämlich. Bei ihm und seinem Sohn Sebastian. Bei zwei Topstars der Branche, die vieles haben, nur eines so ganz und gar nicht: Allüren.

„Geerdet zu sein, ist in meinen Augen eine Grundvoraussetzung für erfolgreiches Arbeiten", sagt Paul Fürst, ein 1954er-Jahrgang, und schenkt trockenen Riesling ein. „Der ist neben den roten Pinots eine meiner zwei ganz großen Lieben." Und jetzt steht er da in seiner ungemein stilsicher in den Weinbergen errichteten Vinothek vor dem großen Panoramafenster mit dem Glas in der Hand und lässt den Blick über Bürgstadt, wo die Erf in den Main fließt, bis nach Miltenberg mit seinen mittelalterlichen Fachwerkhäusern schweifen. „Wenn ich hier stehe und hinunterschaue ins Tal, erfüllt mich das immer wieder mit Dankbarkeit und Demut", sagt Paul Fürst und holt sogleich zu einer Erklärung aus. „Unsere Familie ist nachweislich seit 1638 im Weinbau tätig, aber dass wir es immer noch sind und zudem erfolgreich, war und ist nicht selbstverständlich. Als mein Vater 1975 viel zu früh starb, war ich gerade einmal 21, und damals sah unser landwirtschaftlicher Betrieb noch ganz anders aus. Wir bauten neben Wein auch Tabak an und hatten Obstbäume und Rindviecher. Schmeckt der Riesling?" „Großartig."

Der Tabak ist längst Geschichte, die Rinder im Prinzip auch, doch haben die Fürsts einige Teile ihres Landbesitzes an Landwirte verpachtet, und diese liefern im Gegenzug den Rindermist, den die Fürsts zum Düngen brauchen. „So hilft einer dem anderen", sagt Paul Fürst und verweist auf die streng ökologische Orientierung in seinem und seines Sohnes Wirken.

Endgültig übernommen hat Papa Paul das Weingut im Jahre 1979. Und damals war ihm längst klar, dass er sich allein auf Wein konzentrieren wollte. „Der Appetit darauf kam mit den Ausbildungen im Ausland und wurde immer größer und größer", erzählt Paul, der gemeinsam mit seiner Frau Monika ebenfalls bereits 1979 die neuen Gutsgebäude am Hohenlindenweg in den Weinbergen des Centgrafenbergs errichten ließ. Größer und größer wurde schließlich auch die Anzahl der Weingärten. „Angefangen haben wir mit den vom Vater hinterlassenen 1,5 Hektar, heute bewirtschaften wir 21, davon sind 60 Prozent mit Spätburgunder-Reben bepflanzt. Und wir hatten stets das Glück, besonders schöne, sehr steile Parzellen in den besten Lagen erwerben zu können", sagt Paul, der seinen Sohn Sebastian 2007 nach dessen Weinbau- und Önologiestudium in Geisenheim und nach diversen Praktika im Burgund, im Elsass, in Spanien, in Südafrika und bei deutschen Spitzenwinzern in den Betrieb holte und ihm diesen 2018 überschrieb. „Er macht das so perfekt, dass ich mich theoretisch zurücklehnen und ihm zuschauen oder einfach noch öfter Radfahren gehen könnte, aber praktisch funktioniert das natürlich nicht. Man kann und will nicht gänzlich loslassen." Radfahren? „Ja", sagt Paul Fürst und lacht. „Als ich 40 Jahre alt war, habe ich das Mountainbiken für mich entdeckt. Inzwischen bin ich allerdings auf ein E-Mountainbike umgestiegen, und das macht fast noch mehr Spaß. Ich bin auch Mitglied in einer Fahrradgruppe, und wir machen zweimal pro Woche größere Ausfahrten im Spessart und im Odenwald. Und zwar das ganze Jahr über. Da kommt man auf andere Gedanken, und vor allem redet man nicht dauernd über Wein. Ich habe nicht nur hier in der Gruppe einige Freunde, die ganz andere Berufe ausüben als ich, und das hilft mit, nicht zu einem gänzlichen Vinidioten zu werden."

Als der Nicht-Vinidiot Paul Fürst seinerzeit mit dem Weinmachen begann, spielten die Burgunder-Sorten in dieser Region keine Rolle, auch nicht der Frühburgunder, eine alte, autochthone Rebsorte der Main-Gegend. Paul Fürst allerdings, Deutschlands Winzer des Jahres 2003, wollte dem Burgunder eine Chance geben, auch dem Frühburgunder wieder, und suchte daher den Austausch mit namhaften Pinot-Noir-Winzern im Burgund, in Oregon und in der Bündner Herrschaft, um einerseits von diesen Kollegen zu lernen und überdies Erkenntnisse

AUSGESCHENKT WELTWEIT

CHINA	MEXIKO	NIEDERLANDE	RUSSLAND
– Petrus	– Quintonil	– De Librije	– White Rabbit
www.shangri-la.com/	www.quintonil.com	www.librije.com	www.whiterabbitmoscow.ru

Weingut Rudolf Fürst

> „Wenn ich in unserem Weingut stehe, das nachweislich seit 1638 besteht, und hinunterschaue ins Tal, erfüllt mich das immer wieder mit Dankbarkeit und Demut." Paul Fürst

zu gewinnen, um speziell die Feinheiten der Rebsorte Spätburgunder optimal zur Geltung bringen zu können. „Nicht ahnend, dass wir eines Tages tatsächlich so weit kommen und so viel erreichen würden. Nein, geplant war dieser Erfolg nicht, der sich ab 1989 mit Nachdruck einzustellen begann."

Heute also kann sich Fürst ohne falsche Bescheidenheit Burgunder-Pionier des Frankenlandes nennen. Und in Sachen Qualität hängt der Hammer sowieso längst bei Paul und Sebastian, der 15 Jahre nach dem Vater anno 2018 zum Winzer des Jahres geadelt wurde. „Neben der gezielt ökologischen Ausrichtung liegt unser zweiter Schwerpunkt auf der konsequenten Durchführung eines burgundischen Ausbaustils, so beispielsweise in der Vergärung ganzer Trauben", sagt der Sohn, der, gleich dem Vater, niemals in seinem Leben etwas anderes im Sinn gehabt hatte, als ebenfalls Winzer zu werden. Und der Vater ergänzt: „Wein ist ein Naturprodukt und unsere Grundlage. Wir machen also einfach das, was für den Wein am besten ist. Und wenn die Traube gut ist, wird auch der Wein gut. Am Ende der Ernte wissen wir genau, welchen Schatz wir in Händen halten. Apropos: Es wird bei uns ausschließlich von Hand gelesen."

Die Arbeit im Weinberg allerdings gestaltet sich – nicht zuletzt ob der Steilheit – bisweilen mühsam. „Aber sie muss gemacht werden. Und sie muss penibel genau gemacht werden", sagt Paul Fürst, „denn die Rebstöcke brauchen beste Pflege." Auch brauche es bestes, vielschichtiges Pflanzgut von alter Genetik sowie hohe Stockzahlen und eine bodennahe Erziehung der Weinstöcke. „Gelesen wird schließlich gestaffelt und selektiv", sagt Sebastian. „Das führt bei hoher Strahlungswärme des Bodens, maximal hochwertigen Reben und sehr niedrigen Erträgen zu jener Qualität, die uns auszeichnet." 120.000 Flaschen

sind es pro Jahr, die inzwischen weltweit in 30 Länder exportiert werden. „Nur" möchte man ob der Flaschenzahl sagen, „Aber hallo!" ob jener der Länder.

Bei der Weinbereitung als solcher setzen Vater und Sohn ebenfalls auf natürliche, schonende und handwerkliche Kellerarbeit. „Durch die lange Lagerung auf der Hefe klären sich die Weine selbst", sagt Sebastian. Die Rotweine werden nach der offenen Maischegärung in großen Holzbottichen in der Korbpresse gekeltert und liegen schließlich zwischen 13 und 18 Monaten in burgundischen Stückfässern, die 228 Liter fassen. Danach geht's unfiltriert in die Flasche. Die Weißweine werden nach der schonenden Pressung sowohl in kleinen und großen Holzfässern als auch in Edelstahltanks vergoren und reifen sechs bis 16 Monate.

„Ein wenig stolz bin ich schon", bilanziert Paul Fürst, der 2020 auch noch für sein Lebenswerk geehrt wurde. „Das war die endgültige Bestätigung, dass der eingeschlagene Weg der richtige war. Wollen Sie noch einen Schluck?" „Sehr gerne, danke."

Was die Zukunft bringen wird im Weingut Rudolf Fürst, das also immer noch nach Pauls Vater benannt ist, wird sich weisen. Sebastian und seine Frau Isabell haben zwar für Nachwuchs gesorgt, aber es handelt sich bei Frida, Lisa und Rosa – wie die Namen schon sagen – um „drei wunderschöne Töchter", schwärmt Großvater Paul. „Und bei Mädchen ist in einem Metier wie dem unseren ja noch weniger als bei Jungen klar, wohin die Reise gehen wird."

Aber wer weiß: Vielleicht wird dereinst ja ausgerechnet eine fränkische Fürstin der Weinwelt zeigen, wo der deutsche Burgunder-Hammer hängt.

AUSGESCHENKT WELTWEIT

SINGAPUR	THAILAND	USA
– Zén	– Gaggan	– The French Laundry
www.restaurantzen.com	www.gaggananand.com	www.thomaskeller.com/tfl

Weingut mit Weitblick:
Diese Aussicht hat man
von der eindrucksvollen
Vinothek durch das
Panoramafenster. Unten
im Tal fließt der Main.

Weingut Rudolf Fürst

Sebastian Fürst und sein Vater
Paul zählen zu den Topstars
der Winzer-Branche. Allerdings
Topstars ganz ohne Allüren,
die gerne betonen, wie wichtig
es ist, geerdet zu sein.

Weingut Rudolf Fürst

VERKOSTUNGSNOTIZEN

1997 BÜRGSTADTER CENTGRAFENBERG, SPÄTBURGUNDER R
Unterholz und Himbeeren; fruchtsüß und hauchzart zugleich.

2016 KLINGENBERGER SCHLOSSBERG, SPÄTBURGUNDER GG
Sauerkirsche, reife Pflaume. Saftige, generöse Textur, feine Röstaromen.

2007 BÜRGSTADTER HUNDSRÜCK, SPÄTBURGUNDER GG
Räucherspeck, gepaart mit weißem Pfeffer und Kirschenkompott. Markante Gerbstoffe, elegante Noten von geröstetem Holz.

2013 BÜRGSTADTER HUNDSRÜCK, SPÄTBURGUNDER GG
Ungemein puristisch, geprägt von niedrigsten Erträgen, große Klarheit und Komplexität. Intensive Süße, reichhaltig und seidig am Gaumen mit salzigem Finale, ideal für langfristig angelegtes Reifen.

Chuck Furuya

Sommelier aus Hawaii mit eigenem Podcast „Chuck Furuya Uncorked"

Wir lieben die Reinheit, Energie, Präzision und Raffinesse der Weiß- und Rotweine dieses Weinguts, das Paul und Monika Fürst 1979 in Franken übernommen haben. Dass sowohl Paul (2003) als auch sein Sohn Sebastian (2008) Gault&Millau-„Winzer des Jahres" waren, also die höchste Auszeichnung des Landes erhalten haben, spricht für die Qualität und die internationale Wahrnehmung ihrer Weine.

Wie ich sie beschreiben würde? Weltgewandt, sehr erdbetont, präzise, nahtlos – und anders als alle anderen.

Weingut Rudolf Fürst

Spät-
burgunder
für jetzt

Ein Charakteristikum der Pinot-Noir-Trauben sind ihre auffällig kleinen, dünnschaligen Beeren. Aus diesen werden aber in Deutschland zunehmend auffällig große Weine produziert, die es oft locker mit denen aus dem Burgund, der Urheimat des Pinot Noir, aufnehmen können. Schon elf Prozent der gesamten Rebflächen Deutschlands sind mittlerweile mit dieser Rebsorte bepflanzt, und immer mehr Winzer erliegen der Leidenschaft für den Spätburgunder. Bei den zehn hier beschriebenen Weinen fällt auf, dass die (südliche) Pfalz in zunehmendem Maße mit ausgezeichneten Spätburgundern aufzeigt.

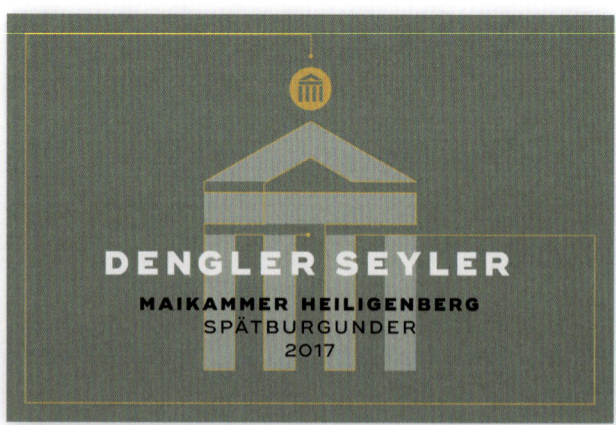

2018 GÄRKAMMER „KLEINE KAMMER"
J. J. Adeneuer, Ahr

DER WEIN Die Walporzheimer Gärkammer ist eine der kleinsten Weinbergslagen Deutschlands, und in ihr herrscht warmes, fast mediterranes Mikroklima vor. Dann heißt auch noch der Wein „Kleine Kammer" – aber in dieser wohnt eine stattliche Qualität. Zartfruchtig und trocken mit feinen Tanninen, das ergibt einen eleganten, klassisch ausgebauten Spätburgunder. Pinot unplugged quasi.

DAS GUT Die Brüder Marc und Frank Adeneuer sind Burgunder-Puristen, die auf schlanke, aber ausdrucksstarke Weine schwören. Spannend an diesem Weingut mit seinen terrassierten Lagen ist unter anderem, wie unterschiedlich die Terroirs von Lehmlöss bis Schiefer in den verschiedenen Weinen zum Ausdruck kommen.

www.adeneuer.de

2017 MAIKAMMER HEILIGENBERG
Weingut Dengler-Seyler, Pfalz

DER WEIN Das Weinbergshäuschen aus dem Jahr 1913 heißt „Sonnentempel" und steht auf dem Heiligenberg. Anbeten muss man den Spätburgunder aus dieser klimatisch begünstigten Lage deshalb nicht, aber huldigen darf man ihm schon. Kühle Beerenfrucht, reife Tannine und ein feiner Säurezug machen diesen kräftig gebauten Wein nämlich zumindest zu einem aussagekräftigen Apostel des Weinguts.

DAS GUT Mit und nach der Natur arbeiten, das ist die Devise von Eva und Matthias Seyler, die das Weingut in vierter Generation bewirtschaften. Sehen, hören und fühlen im Weinberg, aber dann nicht mehr stören im Keller, ist noch so ein Leitsatz der leidenschaftlichen Winzer, die auf Handlese schwören.

www.dengler-seyler.de

2015 PINOT NOIR
Weingut Fitz-Ritter, Pfalz

DER WEIN Es war ein besonderer Jahrgang, der auf dem Boden der ältesten Pfälzer Sektkellerei entstanden ist. Die reifen Kirscharomen auf stabilem Tanningerüst können auch die Spätburgunder aus anderen Jahren vorweisen, dafür sorgen schon die ökologisch bewirtschafteten, unverwechselbaren Lagen. Aber der 2015er hat, ganz ohne die fantasievolle Wein-Poesie zu bemühen, auch noch das gewisse Etwas.

DAS GUT Fitz-Ritter im Herzen von Bad Dürkheim ist ein auch politisch geschichtsträchtiges Weingut, dessen Begründer Johannes Fitz die Zeit des Vormärz entscheidend mit prägte. In neunter Generation wird es von Johann Fitz geführt, der in Berkeley studierte und 2007 das Gut von seinen Eltern übernahm.

www.fitz-ritter.de

2017 GLANZSTÜCK
Weingut Josten & Klein, Ahr

DER WEIN Rubinrot leuchtet dieses „Glanzstück" im Glas und lässt zarte Aromen von wilden Beeren und Kirschen in die Nase steigen. Am Gaumen kommt noch eine leicht pfeffrige Note dazu, die von weichen Tanninen begleitet wird. Ein Pinot, der bereits einen beachtlichen Spannungsbogen entwickelt hat, durch Lagerung aber wohl noch weiter dazugewinnt.

DAS GUT Erst 2011 gründeten der Weinbautechniker Marc Josten und der Önologe Torsten Klein dieses Weingut. Und das Motto „sua sponte" – aus eigener Kraft – überträgt man hier auch auf die Weine. Es ist alles verboten, was in die innere Struktur und die Individualität eingreift, denn der Wein soll genug Zeit haben, sich selbst zu entwickeln – sua sponte.

www.josten-klein.com

Spätburgunder für jetzt

KLUMPP ROTHENBERG SPÄTBURGUNDER 2017

ℋ. Koch

HOLGER KOCH
weingut

2019 Pinot Noir
Herrenstück

PHILIPP KUHN

2017
SPÄTBURGUNDER
«TRADITION»

PFALZ

2017

WEILER

SPÄTBURGUNDER

Weingut am Schlipf
Schneider

2017 BRUCHSALER ROTHENBERG
Weingut Klumpp, Baden

DER WEIN Der Rothenberg ist eine Hochebene und gehört zu den besten Parzellen des Weinguts. Die Kombination aus alten Rebstöcken und dem speziellen Terroir ist die ideale Basis für ein besonderes Genusserlebnis. So entstand ein kraftvoller, perfekt ausbalancierter Spätburgunder mit reifer Frucht, feinen Röstaromen und subtiler Mineralik, der keine Schwächen zeigt.

DAS GUT Das Weingut Klumpp startete 1983 als „garage winery" der Quereinsteiger Marietta und Ulrich Klumpp und wurde mit dem Einstieg der Söhne Markus und Andi zum viel bestaunten Senkrechtstarter in der Weinszene. Es muss nicht immer Tradition sein, die gute Weine macht. Inspiration kann das auch.

www.weingut-klumpp.com

2018 HERRENSTÜCK
Holger Koch, Baden

DER WEIN Aus den kleinbeerigen, aber intensiven Burgundertrauben ist mit dem „Herrenstück" ein Meisterstück gelungen. Mit satten Fruchtaromen, dem klassischen Beerenduft und einem mineralischen Abgang steht dieser Wein für Burgunderkunst auf sehr hohem Niveau. Und es braucht kein Zertifikat, um die biologische Produktion zu erkennen.

DAS GUT So speziell wie seine Weine ist auch Holger Koch, der in Bickensohl am Kaiserstuhl auf seinen acht Hektar nur dem eigenen Kopf folgt. Biologisch zu arbeiten, ist für ihn eine Selbstverständlichkeit, sich das auch bescheinigen lassen braucht er nicht. Reinheit, Kraft und Lebendigkeit will er aus seinen Weinen herausspüren – und das gelingt hervorragend.

www.weingut-holger-koch.de

2017 TRADITION
Philipp Kuhn, Pfalz

DER WEIN Ein solider, mittelschwerer Pinot Noir mit dem der Rebsorte geschuldeten Säurekick. Interessante Aromen wie Walderdbeere, Kirsche und Mandel mit leichten Untertönen von Bitterschokolade. Dieser Spätburgunder trägt seinen Namen zu Recht, weil er sehr traditionell und klassisch präsentiert und absolut lagerfähig ist.

DAS GUT Philipp Kuhn ist ein großer Allrounder, der schon mit 20 Jahren die Alleinverantwortung für das Weingut trug und als Shootingstar schnell zur Elite der deutschen Winzer vorstieß. Es ist die Kombination aus seinem absoluten Gespür für Wein und seinen spektakulären Einzellagen, die Kuhn Preise in Serie bei Rot- und Weißweinen beschert.

www.weinshop-philipp-kuhn.de

2017 WEILER SCHLIPF
Weingut am Schlipf – Schneider, Baden

DER WEIN Man merkt diesem fein gewobenen Spätburgunder das Kalksteinterroir der Steillage Weiler Schlipf an, denn er kombiniert seine dezente Fruchtigkeit stimmig mit einem leichten mineralischen Zug. Das Bouquet kommt intensiv, aber nicht aufdringlich daher, auf eine fast schon kühle Art. Feine Kräuter- und Holznoten runden diesen Wein ab.

DAS GUT Bis in das 15. Jahrhundert reicht die Familientradition dieses Weinguts zurück, aber erst mit Claus und Susanne Schneider erlangten die Weine überregionale Bedeutung. Inzwischen hat mit Johannes und Christoph Schneider bereits die sechste Winzergeneration übernommen, aber die Philosophie, an traditionellen Rebsorten, Lagenbezeichnungen und naturnahem Ausbau festzuhalten, ist gleich geblieben.

www.weingut-am-schlipf.de

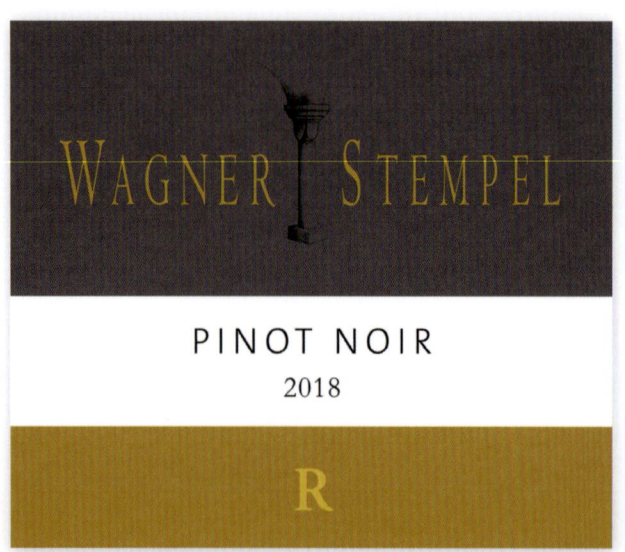

2018 RESERVE
Weingut Wagner-Stempel, Rheinhessen

DER WEIN Die (selbstverständlich) handgelesenen Trauben kommen aus einer singulären Parzelle in steiler Hanglage mit steinigen Sand-, Schotter- und Lehmböden, und der Ausbau erfolgt im Barrique-Fass. Heraus kommt ein Wein mit vollem Körper, großer Länge und komplexen Duftnoten von Himbeeren und Schwarzkirschen bis Vanille und Eichenholz.

DAS GUT Die steilen Hügel im äußersten Westen von Rheinhessen sind vulkanischen Ursprungs und werden seit neun Generationen von der Familie Wagner bewirtschaftet. Daniel Wagner, der aktuelle Chef des Weinguts, stellte auf ökologische Bewirtschaftung um und vertritt die Philosophie, dass die Arbeit im Weinberg über die Qualität des Weins entscheidet.

www.wagner-stempel.de

2015 DÜRKHEIMER SCHENKENBÖHL „KLEINOD"
Karl Wegner, Pfalz

DER WEIN Überall muss man seine Nase ja nicht hineinstecken, aber in diesem Fall taucht man nur allzu gern ins Reich der Düfte ein – von der sortentypischen Kirsche über Anklänge von Vanille bis hin zum würzigen Kontrapunkt Lorbeer reicht hier das Spektrum. Am Gaumen paart sich die Kirschfrucht mit schokoladigen Nuancen und macht aus diesem „Kleinod" endgültig ein „Großod".

DAS GUT Sein Ziel hat Joachim Wegner in Bad Dürkheim längst erreicht: Weine zu kreieren, die schmecken und Lust auf mehr machen. Lust auf mehr hat auch der Winzer von Jahr zu Jahr, und so feilt er mit Akribie und Leidenschaft am regionaltypischen Profil seiner Weine, die bis zur Flaschenfüllung teilweise 30 Monate in Barrique-Fässern reifen.

www.weingut-wegner.de

Eine Liebe fürs Leben

Meine Liebe zu Wein wurde sehr früh geweckt. Schon mit Anfang 20 konnte ich mich für Riesling jedweder Couleur, aber auch für Bordeaux und Schaumweine begeistern. Nur eine Rebsorte konnte mein Herz zu dieser Zeit noch nicht erreichen: Pinot Noir, in Deutschland auch Spätburgunder. Ich hatte das Gefühl, dass es mir die roten Pinots extra schwer machten, einen Zugang zu ihnen zu finden, ich verstand den Hype nicht und wurde trotzig. Irgendwann dachte ich: Dann eben nicht, man muss ja wohl nicht alles verstehen.

Natürlich wurde ich eines Besseren belehrt, als ich mich zur Sommelière ausbilden ließ. Als Profi kann man nicht eine komplette Rebsorte – noch dazu eine der wichtigsten der Welt – einfach ausblenden und sich ihr verweigern. Auf einer Reise ins Burgund kam mein persönlicher Wendepunkt, und danach gab es kein Zurück mehr. Als ich verstand, was Pinots können, welche Vielfalt, Leichtigkeit, Eleganz, ja, welches Lebensgefühl diese Weine in sich tragen, war es um mich geschehen. Und natürlich ging ich auch in Deutschland auf die Suche. Denn, seien wir ehrlich, zum einen sind Pinot Noirs aus dem Burgund selbst in einfachen Qualitäten kaum erschwinglich, zum anderen ist Deutschland (auch durch das sich verändernde Klima) zu einem der größten Pinot-Noir-Produzenten der Welt avanciert und kann sich in Sachen Vielfalt und Qualität längst mit den französischen Nachbarn messen.

Nun ist der Pinot mit seinen Ansprüchen an Lage, Winzerwissen und Handwerk nicht nur im Weinberg eine Diva. Die sehr guten Weine dieser Rebsorte sind oft absolute Langstreckenläufer, die erst nach vielen Jahren Flaschenreife zu sich finden und in der Jugend oft schwer zugänglich sind. Aber es geht auch anders, wie uns die zehn Weine zeigen, die wir Ihnen ans Herz legen wollen – und zwar ganz unprätentiös für ab sofort. Weine, die bereits jetzt ihr volles Potenzial ausschöpfen, die Pinot-Skeptiker, wie ich einer war, überzeugen und die sich auf ihren Einsatz bei Tisch freuen. Denn das weiß ich inzwischen: Für jeden Wein-Enthusiasten gibt es den richtigen Pinot Noir. Mag der eine eher die fruchtig-frische Art, ist der andere voll Begeisterung für einen eher herb-kräuterigen Typ, und wieder andere mögen es wärmend und kraftvoll. Ja, Pinot Noir mag ein anspruchsvoller Genuss sein, ja, diese Rebsorte ist nicht von vornherein Everybody's Darling, sie erfordert vielleicht ein wenig mehr Aufmerksamkeit auch von denjenigen, die diesen Wein genießen wollen, aber wer sich einmal auf ihn eingelassen und ihm sein Herz geöffnet hat, der wird sich nie mehr umsehen – und ich weiß, wovon ich spreche.

Eva Adler ist Sommelière und Weinhändlerin. Nach einem kurzen Ausflug in die Welt der BWL folgte sie ihrer Leidenschaft für Wein und absolvierte nach ihrer Ausbildung bei einem Wein-Großhandel eine Weiterbildung zur Sommelière an der IHK München. Sie liebt Wein und ist manchmal noch immer erstaunt, mit welch schönem Thema sie ihr Berufsleben füllen darf.

Spätburgunder für jetzt

Große Rotweine

Dass Deutschland auf dem Rotwein-Sektor längst zur internationalen Spitze vorgedrungen ist, ist kein großes Geheimnis mehr. Weniger bekannt ist allerdings, wie vielfältig dieser Vorstoß war, wie viele deutsche Rotweine auch abseits der renommierten Spätburgunder-Ikonen diese Spitze ausmachen. Das Potpourri reicht – auch auf den folgenden Seiten – von Merlot- und Zweigelt- dominierten Cuvées über Cabernet Franc bis zu Tauberschwarz. Durchwegs überzeugend sind längst auch die großen Lemberger dieses Landes, denen wir gerne an dieser Stelle noch eine wunderbare Zukunft voraussagen möchten.

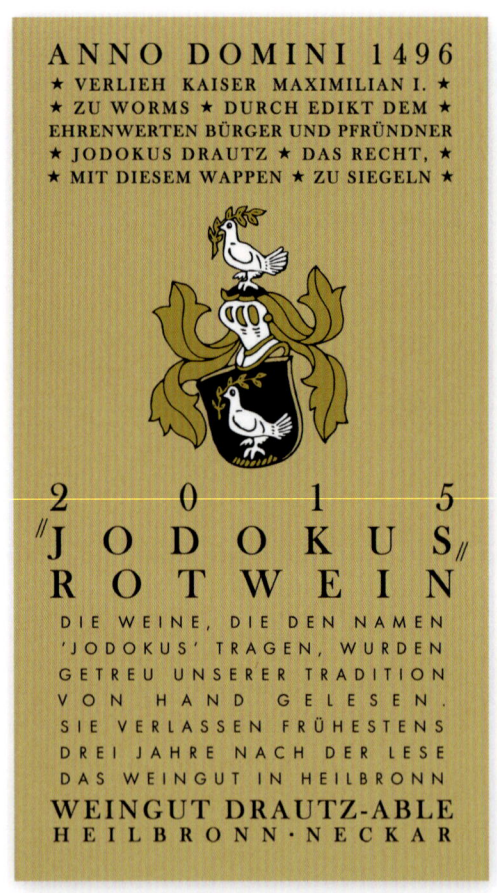

ANNO DOMINI 1496
★ VERLIEH KAISER MAXIMILIAN I. ★
★ ZU WORMS ★ DURCH EDIKT DEM ★
EHRENWERTEN BÜRGER UND PFRÜNDNER
★ JODOKUS DRAUTZ ★ DAS RECHT, ★
★ MIT DIESEM WAPPEN ★ ZU SIEGELN

2 0 1 5
"JODOKUS"
ROTWEIN

DIE WEINE, DIE DEN NAMEN
'JODOKUS' TRAGEN, WURDEN
GETREU UNSERER TRADITION
VON HAND GELESEN.
SIE VERLASSEN FRÜHESTENS
DREI JAHRE NACH DER LESE
DAS WEINGUT IN HEILBRONN

WEINGUT DRAUTZ-ABLE
HEILBRONN · NECKAR

Weingut J. Ellwanger

Nikodemus

2016

trocken

Württemberg
13,5 % vol · 0,75 L
enthält Sulfite · Deutscher Qualitätswein · AP-Nr. 270 051 18
Gutsabfüllung Jürgen Ellwanger · D-73650 Winterbach

>MATTHIAS GAUL :/

2018
GEHRNHALDE GG
Lemberger

2015 JODOKUS HADES
Weingut Drautz-Able, Württemberg

DER WEIN Merlot, Lemberger und Cabernet Sauvignon gehen hier eine Dreierbeziehung ein, die allen Beteiligten gut bekommt und – diese Prognose fällt leicht – noch sehr viele Jahre halten wird: ein dichter, gerbstoffreicher Wein, der Schokolade und dunkle Waldbeeren mit sich führt und Kraft für ein langes Leben hat. Der Jodokus stammt von der Heilbronner Lage Löwenherz; Namensgeber ist ein Urahn der Familie, Jodokus Drautz, der 1496 von Kaiser Maximilian I. das Wappenrecht verliehen bekam.

DAS GUT Die fünfhundertjährige Weinbautradition der Familie Drautz zu Heilbronn wurde zuletzt in den 1980er-Jahren von Richard Drautz in neue Bahnen gelenkt – als Gründungsmitglied der HADES-Gruppe erkundete er eine internationale, von Barrique-Einsatz geprägte Stilistik, die sein Sohn Markus, inzwischen Chef am Weingut, konsequent weiterführt.

www.drautz-able.de

2016 NIKODEMUS HADES
Jürgen Ellwanger, Württemberg

DER WEIN In der HADES-Gruppe legt man besonderes Augenmerk auf den Ausbau im Barrique, wobei Altmeister Jürgen Ellwanger aber ganz richtig anmerkt, dass der Wein nicht erst im Holzfass groß wird, sondern es schon vorher sein sollte. Die Cuvée „Nikodemus" (Merlot, Cabernet, Lemberger) ist dies gewiss: ein tiefdunkler, kraftvoller, komplexer Wein mit viel Dörrfrucht, Röstaromen, Schokolade und kühlender Würze.

DAS GUT Als prägende Gestalt des Remstaler Qualitätsweinbaus hat Jürgen Ellwanger wichtige Pionierarbeit geleistet. Heute leiten seine Söhne Felix und Jörg sowie dessen Frau Sylvia das Weingut und bestellen dessen 26 Hektar neben den typischen Leitsorten Riesling, Lemberger und Trollinger auch mit Merlot, Syrah, Chardonnay und dem urösterreichischen Zweigelt, den Vater Jürgen einst als Erster nach Deutschland brachte.

www.weingut-ellwanger.de

2018 CABERNET FRANC
Matthias Gaul, Pfalz

DER WEIN Strenge Selektion im Weingarten, offene Maischegärung und Fassreife für 18 Monate im französischen Barrique sorgen für einen Wein, der Sorte und Terroir sehr präzise und zugleich lustbetont widerspiegelt: elegante Kräuterwürze, pfeffrige Noten, harmonische Frucht und moderate Tannine, dabei auch noch ordentlich Kraft (bei 14,5 Volumenprozent). Ein Wein, der angenehm selbstbewusst für sich steht.

DAS GUT Ganz am nördlichen Ende der Deutschen Weinstraße, wo die Nächte schon kühler werden und die Böden karger, hat sich Matthias Gaul eine Art burgundische Exklave geschaffen und keltert Pinots von höchster Qualität, setzt Reben nach dem Vorbild der burgundischen Engpflanzung und überhaupt alles daran, daraus das Allerbeste zu machen – kein Wunder, dass es in der Nordpfalz seit einiger Zeit Preise regnet.

www.gaul-weine.de

2018 GEHRNHALDE LEMBERGER
Karl Haidle, Württemberg

DER WEIN Ein Wein, dem man gerne beim Wachsen zusieht – was man wohl noch viele Jahre lang tun kann: Gewachsen auf 40-jährigen Reben, die in reinem Schilfsandsteinboden in (relativ) kühler Lage wurzeln, und gereift im gebrauchten Barrique und im großen Holzfass, zeigt er sich mit fantastischer Kräuterwürze zur sortentypischen Beerenfrucht, wohl auch eine Spur Eukalyptus, darunter eine gewisse Salzigkeit, sehr dicht und – wie gesagt – mit fantastischem Entwicklungspotenzial.

DAS GUT Als Musiker und Graffiti-Künstler nennt sich Moritz Haidle „Ritz", als Winzer bleibt er seinem Familiennamen treu – und steht selbstbewusst in den großen Fußstapfen seines Vaters Hans. Dessen fast schon fanatisches Qualitätsstreben setzt Moritz – seit 2014 Chef am Weingut – nahtlos fort, bewirtschaftet seine Reben biodynamisch und hegt neben den ikonischen Rotweinen des Hauses auch ein echtes Faible für Riesling.

www.weingut-karl-haidle.de

A♥H
HOFMANN
2018
TAUBERSCHWARZ ‹RR›

TROCKEN

RÖTTINGER FEUERSTEIN
DEUTSCHER QUALITÄTSWEIN - FRANKEN

A.P.Nr. 3818 25 20
ERZEUGERABFÜLLUNG · ENTHÄLT SULFITE
13,5% vol. WEINGUT FAMILIE HOFMANN 0,75l
D-97285 RÖTTINGEN · STRÜTHER STRASSE 7 · TEL. 09338/1577

SCHLOSSGUT
HOHEN
BEILSTEIN

SCHLOSSWENGERT
LEMBERGER GG
TROCKEN

BIO-WEIN

Graf Neipperg
Schwaigerner Ruthe GG
2015 LEMBERGER

SCHNAITMANN

GG

LÄMMLER
LEMBERGER
2018

2018 RÖTTINGER FEUERSTEIN
TAUBERSCHWARZ „RR"
Weingut Hofmann, Franken

DER WEIN Ein besonderer Wein im wahrsten Sinne des Wortes – und ein seltener Schatz: Aus der Urrebe des Taubertals in der Lage Röttinger Feuerstein auf quarzdurchzogenen Muschelkalkböden gewachsen und in kleinen Holzfässern als besondere Selektion „RR" gereift, zeigt er die sortentypischen Weichselnoten und generell viel saftige Frucht, die von sanften Gerbstoffen getragen wird und im Finale leicht zartbitter ausklingt.

DAS GUT Am südlichsten Zipfel des Silvaner-Lands, in Röttingen im fränkischen Taubertal, spielen Jürgen Hofmann und sein Vater Alois eine wichtige Sonderrolle und verhelfen der lange vergessenen roten Ursorte der Region, der Tauberschwarz, zu ihrem Recht (ihre Silvaner sind freilich auch nicht zu unterschätzen).

www.weinguthofmann.com

2017 SCHLOSSWENGERT LEMBERGER
Schlossgut Hohenbeilstein, Württemberg

DER WEIN Rauchigkeit und (Kirsch-)Frucht gehen bei diesem Spaziergang durch den Schlosswengert von Beilstein Hand in Hand. In der Luft, die man diesem Wein unbedingt lassen sollte, liegt ein wenig Lakritze und Sanddorn, etwas später gesellen sich Heidel- und Brombeere dazu; die noch ziemlich präsenten Gerbstoffe tun das Ihre – und der Spaziergang wird zum Dauerlauf.

DAS GUT Das eigentlich Selbstverständliche wird auf dem Schlossgut Hohenbeilstein schon seit Jahrzehnten nicht nur behauptet: Die Natur steht im Zentrum dessen, was Joscha Dippon in Zusammenarbeit mit seinem Vater, dem Württembergischen Biowein-Pionier Hartmann Dippon, hervorbringt – nämlich Weine, die in vielfältiger Umgebung wachsen durften, denen aber auch die Vision und die kreative Handschrift des Winzers zugutekommt.

www.schlossgut-hohenbeilstein.de

2015 SCHWAIGERNER RUTHE LEMBERGER
Weingut Graf Neipperg, Württemberg

DER WEIN Der Lemberger ist seinem Wesen nach eine edle, elegante Sorte, der von übermotivierten Winzern leider zu oft zu viel zugemutet wird. Nicht so bei diesem Wein, der von einem stabilen Tanningerüst getragen wird, in das pfeffrig-würzige Noten, dunkle Beerenfrucht und feine Kräuterwürze verwoben wurden. Ein Lemberger, der klar – und edel – für sich steht.

DAS GUT Geschichtsträchtiger als hier wird es im deutschen Weinbau kaum einmal – die Historie des Weinguts der Grafen Neipperg reicht bis tief ins Mittelalter zurück. Einige der Lagen, die heute noch bestellt werden – darunter auch die Schwaigerner Ruthe –, wurden schon Ende des 12. Jahrhunderts urkundlich erwähnt. Den Lemberger haben die Neippergs im 18. Jahrhundert überhaupt erst nach Deutschland gebracht und lange auch als Einzige in nennenswertem Maßstab kultiviert. Geschichte verpflichtet!

www.graf-neipperg.de

2018 LÄMMLER LEMBERGER
Rainer Schnaitmann, Württemberg

DER WEIN Frucht und Würze, Pfeffer und Pflaume, Kraft und Eleganz – was hat dieser Wein eigentlich nicht? Gewachsen im Herzstück des Weinguts, der Lage Lämmler, auf steilem Hang und vielschichtigem Grund, zeigt er sich auch aromatisch höchst facettenreich, streift Thymian und Wacholder, Cassis und Vanille, aber auch Rauch. Unter dem Strich ein kraftvoller, vielschichtiger, famoser Wein.

DAS GUT Ein wunderbares Motto steht über dem Schaffen von Rainer Schnaitmann: Weglassen. Zeit geben. Dem Bauchgefühl vertrauen. Unter dieser Maxime macht Schnaitmann, der sein Weingut anno 1997 als Kleinstprojekt aus der Taufe gehoben (und seither stattlich vergrößert) hat, große Rieslinge und fantastische Burgunder, vergisst aber eben auch auf seine Lemberger nicht. Das Bauchgefühl sagt: gut so.

www.weingut-schnaitmann.de

Große Rotweine

2016 GRANAT
Albrecht Schwegler, Württemberg

DER WEIN Seit bald 30 Jahren ragt aus der deutschen Rotwein-Landschaft ein Wein heraus. Er nennt sich „Granat" und ist ein Garant: für großen Tiefgang und enormes Reifepotenzial. In diesem Jahrgang als Cuvée aus Zweigelt, Cabernet Sauvignon, Merlot und Cabertin gekeltert, hat er etwas Waldiges an sich, mit reifer Frucht, etwas Zwetschge, Brombeere, dazu Piment und Lorbeer sowie klaren Holznoten – ein Schmuckstück.

DAS GUT 1990 per Quereinstieg zum Winzer geworden, seinen eigenen Weg einschlagend, immer der Nase nach begann Albrecht Schwegler im Remstal mehr oder weniger auf eigene Faust, Rotwein-Cuvées von internationalem Spitzenformat zu produzieren. Sein Sohn Aaron teilt diese Vision und legt noch einen zusätzlichen Fokus auf die weißen Burgundersorten.

www.albrecht-schwegler.de

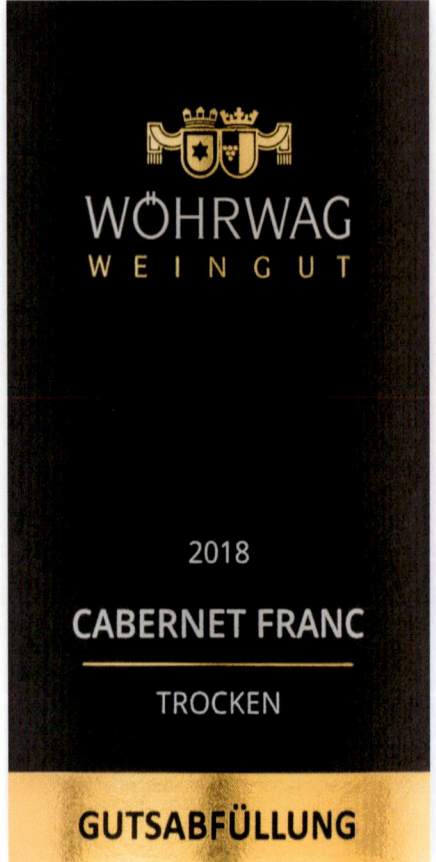

2018 CABERNET FRANC
Weingut Wöhrwag, Württemberg

DER WEIN Schwarze Johannisbeere, auch ein wenig Brombeere, Kräuterwürze und waldige Noten in der Nase, dazu viel saftige Frucht und sehr wohl auch elegante Säure am Gaumen – ein vielschichtiger, großer Wein aus einer gar nicht so einfachen Sorte, ein Untertürkheimer von Weltformat.

DAS GUT Hans-Peter Wöhrwag und seine Frau Christin geben ihre „Zusatzstoffe" folgendermaßen an: „Liebe, Respekt und ein kleines bisschen Wahnsinn." Damit lässt sich wohl arbeiten. Das Gut in Untertürkheim hat in der Vergangenheit vor allem mit seinen eleganten Rieslingen reüssiert, die immer noch mit Abstand die Hauptsorte des Weinguts sind. Heute schenkt Tochter Johanna frische Ideen ein – oder wie es bei Wöhrwags heißt: „Ruhe war gestern."

www.woehrwag.de

Eine rosige Zukunft

Lust auf ein Henkelglas voll Trollinger-Lemberger aus der guten, alten Literflasche? Nein? Na dann sei es dem Herrn gedankt, dass dieser württembergische Stereotyp der Vergangenheit angehört. Denn ein neuer Typ Lemberger ist auf dem Vormarsch – ein Faktum, das uns nun eindrucksvoll in unserem Ranking der besten deutschen Rotweine dargelegt wird.

Es ist wohl wie mit allem in Württemberg: Umbruch braucht Zeit. Zeit, um das genossenschaftlich Geprägte davon zu überzeugen, dass viel nicht immer viel hilft, dass weniger Ertrag nicht gleich weniger Umsatz ist und dass ein großer Wein nicht nur aus Holz und Alkohol besteht.

Wir stellen hier zehn monumentale Weine vor, die mit diesem altbackenen Prinzip brechen und dem deutschen Rotwein eine neue Dimension verleihen. Weine, die beweisen, dass die Zeit, in der die deutsche Spitze dem Riesling vorbehalten war, vorüber ist.

Und das gilt nicht nur für Württemberg. Auch im viel zu lange verstaubt geglaubten Franken und dem mit Spitzen-Rieslingen gesegneten Rheinhessen weiß man heute, wie man Spitzenrotweine produziert. Dies ist vor allem den weitblickenden und progressiven Winzern zu verdanken, die über unsere Landesgrenzen hinausschauen und sich eben nicht nur auf den hiesigen önologischen Konventionen ausruhen.

Und auf einmal wird aus einer deutschen Bordeaux-Cuvée oder einem Cabernet Franc ein Wein, der in jeder Napa- und Bordeaux-Verkostung eine Spitzenfigur macht. Und ein Frühburgunder lässt die Frage aufkeimen, ob diese Rebsorte hierzulande neben den Flächen an der Ahr nicht viel häufiger kultiviert werden sollte.

Als Vorbild für die erstklassigen Lemberger dient das österreichische Burgenland. Dort wurde über lange Zeit ein Stil geprägt, den sich gerade Weinvisionäre wie Rainer Schnaitmann oder Moritz Haidle zum Vorbild nehmen. Der burgenländische Lemberger ist der Blaufränkisch, dessen international immer wichtiger werdender Stil geprägt ist von Eleganz, Frische, Würzigkeit und saftiger Struktur. Dieser Stil ersetzt die schwäbisch eingestaubte, holzschwangere Trägheit und maischehocherhitzte Opulenz.

Ist dann also das Äquivalent zum burgundisch schmeckenden Spätburgunder der burgenländische Blaufränkisch? Ganz falsch ist das nicht. Allerdings wäre es viel zu kurz gegriffen. Es ist vielmehr so, dass sich die erwähnten Visionäre von besagtem Stil inspirieren lassen, selbigen aber auf das schwäbische Terroir ummünzen, wodurch Lemberger-Meisterwerke entstehen, die erstens den Vergleich mit den österreichischen Geschwistern nicht mehr scheuen müssen und zweitens durch geschmackliche Eigenständigkeit glänzen.

Bleibt es bei diesem Trend, hat vor allem das ehemalige Sorgenkind Württemberg eine rosige Zukunft vor sich, ist es doch das Anbaugebiet, das neben dem international bereits etablierten deutschen Platzhirsch Spätburgunder eine Rebsorte im Portfolio hat, die ein mindestens genauso großes Potenzial aufweist. Und wenn die Winzer ihrem Stil und ihrem Weitblick treu bleiben, kann man getrost seine Hand für den Siegeszug des Lemberger ins Feuer legen.

Daniel Kiowski ist Export Director im Weingut Markus Molitor und war 2015 Gault-&-Millau-Sommelier des Jahres im Restaurant Victor's Fine Dining by Christian Bau.

DIE REBE IST AUCH NUR EIN MENSCH

Warum die Aldinger-Brüder Hansjörg und Matthias so froh sind, dass Vater Gert „Außenminister" ist, und warum es zum firmeninternen Gruppenessen immer nur ein Glas für alles gibt. Und dann wäre da noch etwas: nämlich, wie und warum die Herren Söhne so exzellenten Wein machen.

WEINGUT ALDINGER

INHABER	Hansjörg & Matthias Aldinger
GRÜNDUNG	1492
REBFLÄCHE	30 Hektar
PRODUKTION	220.000 Flaschen
LAGEN	Fellbacher Lämmler, Rotenberger Schlossberg, Stettener Mönchberg, Stettener Pulvermächer, Uhlbacher Götzenberg, Untertürkheimer Gips
REBSORTEN	Lemberger, Trollinger, Riesling, Sauvignon Blanc, Chardonnay, Merlot, Cabernet Sauvignon, Spätburgunder

Der Kontrast zwischen Natur und Technik könnte kaum größer sein: Unten im Tal dreht sich der Mercedes-Stern auf dem Dach des Daimler-Stammsitzes, oben auf dem Weinberg dreht Hansjörg Aldinger Spätburgunder-Trauben prüfend in der Hand. Die grünen Weinblätter rascheln sanft im Wind, auf der vierspurigen Bundesstraße rauscht der dichte Verkehr vorbei. Die fast reifen Trauben glänzen tiefblau in der Sonne, nicht weit entfernt schimmert das weiße Dach der Mercedes-Benz-Arena. Und irgendwo dazwischen fließt still der Neckar.

Die Lage Untertürkheimer Gips ist einzigartig in Deutschland. Mit Blick auf das Industriegebiet Untertürkheim, auf die Fabriken von Daimler, auf Baumärkte, Möbelhäuser und Ausfallstraßen wachsen hier Reben für bemerkenswerte Weine. Die Aldingers pflanzen auf dem kalkhaltigen Boden eines ehemaligen Gipssteinbruchs Riesling, Chardonnay, Weißburgunder, Spätburgunder und Sauvignon Blanc an – und sie keltern daraus hochklassige Produkte wie den Riesling „Untertürkheimer Gips Marienglas", ein vielfach ausgezeichnetes Großes Gewächs.

„Die Nähe zur Industrie wirkt vielleicht nicht so charmant", gibt Matthias Aldinger zu, einer der Juniorchefs des Familienbetriebs, „dafür haben wir hier aber ein interessantes Wechselspiel." Durch die Autoindustrie und die Zulieferbetriebe sitzt eine zahlungskräftige Kundschaft quasi vor der Haustür des Weinguts. „Solange sich der Stern von Daimler dreht, geht es uns gut", sagt Gert Aldinger, Vater von Matthias und Hansjörg, die zusammen den Betrieb leiten. Noch dreht er sich, und Absatzprobleme haben die Aldingers auch nicht – im Gegenteil, viele ihrer hoch bewerteten Weine sind sofort ausverkauft, wenn sie auf den Markt kommen. Der Ruf des schwäbischen Ausnahme-Weinguts reicht längst weit über Stuttgart hinaus, Aldingers liefern an Spitzenrestaurants, Privatkunden und Händler in ganz Deutschland und Europa.

Dort, wo der Riesling für den „Untertürkheimer Gips Marienglas" reift, ist es durch die Nähe zur Industrie und zum Stuttgarter Becken wärmer als in den höher gelegenen Weinbergen Richtung Fellbach. Sorgen, dass die Trauben schadstoffbelastet sein könnten, müsse man sich auch nicht machen, versichert Hansjörg Aldinger. „Es gibt keine rauchenden Schornsteine mehr, die Ruß und Gestank ausstoßen. Die Uni Hohenheim hat Beeren, Most und Wein auf Schadstoffe untersucht und nichts gefunden." Die Aldingers sind Perfektionisten, mit schwäbischer

Gründlichkeit „schaffen" sie so lange, bis sie ihre Wunschvorstellung vom jeweils perfekten Wein in die Flaschen abgefüllt haben. Aber sie sind auch Genießer, wie sich beim Mittagessen im Weingut zeigt.

Praktikantinnen, Chefs, Bürokräfte, Erntehelfer, der 96-jährige Opa Gerhard Hummel – alle treffen sich in der Pause im Keller des Weinguts, einem verwinkelten Komplex aus Alt- und Neubauten in der Ortsmitte von Fellbach. Es gibt Kartoffelpuffer mit Lachs und Salat, dazu Weiß- und Spätburgunder zum Probieren. Zwölf Leute arbeiten für das Weingut – Familienmitglieder inklusive. Sie produzieren auf 30 Hektar eine breite Palette an Weinen, Sekten und Bränden, etwa 220.000 Flaschen im Jahr. Trotz der vielen Auszeichnungen und Lobeshymnen von Weinexperten ist die Familie liebenswert hemdsärmelig und bodenständig geblieben. Beim Mittagessen benutzen alle Anwesenden jeweils nur ein Glas für Weißwein, Wasser, Rotwein und anschließend den Kaffee. „Des isch Aldinger-like", lacht Seniorchef Gert, „wir haben halt nicht so viele Gläser und Tassen."

Schaffe, schaffe und aus wenig viel mache – diese schwäbische Grundhaltung kann man so oder so interpretieren. Den Generationen vor Gert Aldinger ging es vor allem um möglichst hohe Erträge. Weggeworfen wurde nichts, auch nicht, wenn die Trauben von minderer Qualität waren. Dementsprechend schmeckte der typische Wein aus der Gegend. Die Vorfahren von Gert, Hansjörg und Matthias verkauften lange noch Zechweine, süffigen Trollinger in der Literflasche für wenig Geld. Die Geschichte des Weinguts geht zurück bis ins Jahr 1492, als ein Herr namens Bentz der Aldinger nach Fellbach kam, um Reben zu kultivieren. Gerts Vater Gerhard heiratete 1955 Anneliese Pflüger, deren Familie eine Küferei betrieb – eine ideale Verbindung.

Hansjörg, 41, und Matthias Aldinger, 40, sind mittlerweile die 16. Generation. Zusammen mit ihrem Vater Gert, 65, der sich als „Außenminister des Weinguts" bezeichnet, haben sie die Qualität der Weine erheblich nach vorne gebracht. Neben regionalen Rebsorten wie Lemberger, Trollinger, Riesling bauen die Aldingers auch Sauvignon, Chardonnay, Merlot und Cabernet Sauvignon an – eine große Bandbreite also. Aus Sicht der Brüder fast zu viel, sie wollen die Sortenvielfalt etwas straffen. Überhaupt sind sie eher dafür, zugunsten der Qualität den Ertrag zu reduzieren. Früher galt so etwas als Sakrileg, besonders im sparsamen Schwabenland.

Weinberge neben Industriegebiet: Von der Top-Lage
„Untertürkheimer Gips" schaut
man direkt auf den Stamm-
sitz von Daimler-Benz.

Weingut Aldinger

Weingut Aldinger

„Mein Vater hat immer gesagt, man muss jedes heruntergefallene, verschrumpelte Träuble aufheben", erzählt Gert Aldinger. Mittlerweile vertreten die Aldinger-Brüder die gegenteilige Haltung: Nur das Beste kommt in die Presse. Ertragsreduzierung und Geschmacksmaximierung – diese puristische Philosophie drückt sich zum Beispiel im „Trollinger Sine" aus, einem Rotwein, der ohne Entstielen, ohne Zuckerzusatz, ohne Filtration, ohne Hefe, ohne Schwefel hergestellt wird, und übrigens auch ohne Hightech-Presse und computergesteuerte Gärung. Die Trauben werden in einem Holzfass mit den Füßen zerstampft, wie vor Urzeiten. Die Kult-Flasche mit dem leeren Etikett ist in der Berliner Szene-Gastronomie sehr gefragt.

Wie gut Wein werden kann, auch wenn das Jahr vermeintlich schlecht läuft, hat sich bei den Aldingers im Jahr 2000 gezeigt. Nach einem Hagelsturm waren 16 Hektar ohne Trauben. Der kleine Rest wurde gekeltert, und der Spätburgunder dieses Jahrgangs wurde außergewöhnlich gut und hoch prämiert. „Die Rebe ist auch nur ein Mensch", sagt Matthias Aldinger. Okay. Und umgekehrt? Was wären die Winzer, wenn sie Reben wären? „Gute Frage", antwortet Matthias, „mein Vater wäre ein Merlot. Schmeichelnd, manchmal kantig, aber immer kraftvoll." „Ich wäre ein Lemberger oder ein Chardonnay", sagt Hansjörg, „langlebig und zäh, wird mit der Reife besser." „Matthias wäre ein Spätburgunder", findet sein Bruder, „kraftvoll, kreativ, manchmal aber auch eine zickige Diva."

Weinbau ist immer eine Evolution – und eine persönliche Geschmackssache. Die Trend-Rebsorten ändern sich, mal ist schwerer, im Barrique ausgebauter Chardonnay in Mode, mal frischer, leichter Sauvignon. Dazu kommt der menschliche Faktor, dessen Einfluss auf den Wein nicht zu unterschätzen ist. Im Fall der Aldingers ergeben die drei unterschiedlichen Charaktere des Trios eine hochinteressante Cuvée. „Unser Vater ist impulsiv und kommunikativ, manchmal vielleicht etwas ungeduldig", sagt Matthias, „und so sind auch seine Weine." Gert Aldinger haut als Winzer laut auf den Tisch, er etablierte kräftige Rotweine aus französischen Rebsorten, sein Traum war ein schwäbischer Rotwein, der es mit einem Bordeaux aufnehmen kann – der „GJA Reserve". „Wir sind vielleicht besonnener, ruhiger", sagt Matthias, und dementsprechend elegant schmecken auch die Weine der Brüder.

Matthias hat seine Lehre beim Weingut Huber in Malterdingen gemacht, Weinbautechnik und Önologie studiert, Hansjörg hingegen hat seine Lehre in Württemberg absolviert, in Südafrika und Neuseeland gearbeitet und ebenfalls Weinbautechnik studiert. Beide waren bestens ausgebildet und hoch motiviert, als sie 2005 und 2006 in den Betrieb einstiegen. Und ihr Vater gab ihnen freie Hand, aus der Erfahrung heraus, dass sein Vater Gerhard es ihm nicht leicht gemacht hatte. „Es könnte kaum besser laufen", sagt Gert, der sichtlich stolz auf seine Söhne ist. Diese wiederum legen großen Wert auf seinen fachlichen Rat und profitieren von seinen vielfältigen Kontakten zu Spitzengastronomen, Sommeliers, Kollegen, Händlern, Politikern.

Die Brüder sind froh, dass sie dank ihres umtriebigen „Außenministers" im Hintergrund tüfteln können. „Wir lassen lieber den Wein sprechen, als groß auf die Pauke zu hauen", sagt Matthias. Der Erfolg seines jüngsten Babys, des Jahrgangssekts „Aldinger Brut nature", freut ihn natürlich trotzdem. Bei der Gault-&-Millau-Sektverkostung 2020 kam der fünf Jahre in einem Bunker gelagerte Winzersekt auf Anhieb auf Platz eins. Der „Brut nature" und die Rotwein-Cuvée „GJA Reserve" sind mit 50 Euro die teuersten Posten auf der Preisliste, und das soll auch vorerst die Schallgrenze bleiben. Den derzeitigen Hype um deutsche Spitzenweine, für die Sammler Tausende Euro zahlen, quittiert Gert Aldinger mit einem Kopfschütteln. „Ab einem bestimmten Grad ist der Wein dann nur noch ein Spekulationsobjekt", sagt er, „da gehe ich ehrlich gesagt nicht mehr mit." Er nimmt noch einen Schluck kühlen Weißburgunder: „Eine Flasche Wein gehört getrunken!"

Der „Ovum" aus dem Hause
Aldinger verbringt zwei
Jahre im Beton-Ei, ehe er im
richtigen Gleichgewicht ist.
Pro Jahr gibt es auch nur
1000 Flaschen davon.

Weingut Aldinger

VERKOSTUNGSNOTIZEN

2008 FELLBACHER LÄMMLER, LEMBERGER

In der Nase finden sich kräftige Aromen von Schwarzen Johannisbeeren, gerösteten Kaffeebohnen und feinem Zedernholz mit dezenten Rauchnoten. Im Geschmack zeigt sich dieser Wein äußerst vielschichtig mit kraftvoller Dichte und viel Tiefe. Die immer noch präsente Frucht kehrt wieder und wird untermalt durch kühle, würzige Kräuteraromen, gepaart mit ätherischer Frische, die an Kiefernnadeln und Wacholderbeeren erinnert. Die harmonische Säure verbindet sich hervorragend mit dem zwar packenden, aber dennoch seidigen Gerbstoffen und sorgt somit für viel Spannung in diesem großen Wein.

2007 RESERVE, SAUVIGNON BLANC

Feine Rauchigkeit und Mineralität, gepaart mit gereifter Exotik, stehen im Vordergrund. Ergänzt werden diese durch würzige Noten von Piquillo-Paprika und Meersalz. Am Gaumen zeigt sich die verspielte Säure zusammen mit Anklängen von getrockneter Amalfi-Zitrone. Die gereifte Frucht im Zusammenspiel mit der kräuterigen, balsamischen Aromatik und der vordergründigen, rauchig anmutenden Mineralität erinnert stark an die großen Pouilly-Fumé-Weine von der Loire.

2010 BRUT NATURE

Schon im Duft zeigt sich der Charakter dieses großen, ungemein harmonisch komponierten Schaumweins. Das kühle Jahr 2010 sorgt für ein rassiges und komplexes Aromenspiel. In der Nase findet man Noten von Salzzitrone, Gewürzluike und Quitte in Verbindung mit einer zarten Brioche-Note. Im Mund wirkt dieser Brut nature ähnlich temperamentvoll wie in der Nase. Die salzig-jodige Mineralität wirkt zusammen mit der puristischen Frucht und einer typischen 2010er-Säurespitze. Jugendlich frisch, puristisch und mineralisch ist der Dreiklang, der diesen Sekt perfekt beschreibt.

2012 SPÄTBURGUNDER ROSÉ RESERVE

Geschmacklich sowie in der Nase zeigt dieser Ausnahme-Rosé präsente Noten von getrockneter Erdbeere, Tomatengrün und geröstetem Baguette. Prägende Würze mit kräuterigen Anklängen und feingliedriger, gut eingebundener Säurestruktur. Der eindrückliche Körper verbindet sich mit seiner feinwürzigen Holzaromatik zu einem kompletten, gut gereiften, außergewöhnlichen Rosé.

Johannes Pfefferkorn

Sommelier und Geschäftsführer des Romantik Hotels Die Krone von Lech

Ein Winterabend in Lech. Im Dämmerlicht nähert sich ein elegant gekleideter Mann unserer Krone-Stuben, unter dem Arm eine Flasche Wein. Es war Gert Joachim Aldinger vom gleichnamigen Weingut. Er lud mich ein, seinen Sauvignon Blanc mit ihm zu verkosten. Es war ein Wein wie er: mit Klasse, Eleganz, in sich ruhend, das Terroir in sich tragend. Das war der Beginn einer Partnerschaft mit dem König des Kappelbergs, dessen Thronfolger Hansjörg und Matthias dem Monarchen um nichts nachstehen.

Weingut Aldinger

Rieslinge für die Ewigkeit

Es gibt Weine, die einen für das ganze Leben prägen, weil man, nachdem man sie getrunken hat, nicht mehr zurück mag in die Zeit davor, die Zeit ohne sie. Dabei sollte man freilich nichts überstürzen: Weil diese Weine leben, sich entwickeln, wachsen, reifen und Geduld belohnen. Auf den folgenden Seiten stellen wir Ihnen zehn solche Weine vor: zehn (trockene) Rieslinge für die Ewigkeit – Weine, die man nicht voreilig genießen, sondern vielleicht für diesen einen besonderen Anlass zurücklegen sollte. Denn es sind Weine, die mit den Jahren über sich selbst hinauswachsen und jenen, die das Glück haben, sie zum richtigen Zeitpunkt zu trinken, einen neuen, golden schimmernden Lebensmittelpunkt bescheren.

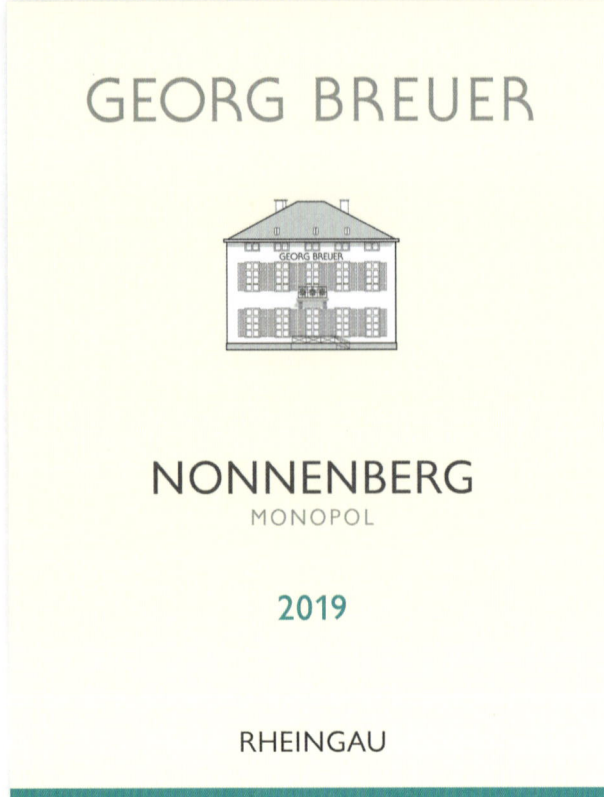

2019 KIRCHENSTÜCK
Geheimer Rat Dr. von Bassermann-Jordan, Pfalz

DER WEIN Der Name verspricht nicht zu viel – mit diesem Wein könnte man durchaus in andächtige Stimmung kommen. Seinem Wesen nach ist er ein klassischer Riesling – Steinobst, Kräuterwürze, fein eingebundene Säure –, der in den Haltungsnoten ein geradezu überirdisches Potenzial eröffnet: betörende Rauchigkeit, enorme Komplexität, fantastische Länge, große Oper (beziehungsweise natürlich: Hochamt).

DAS GUT Alter Pfälzer Wein-Adel: Seit drei Jahrhunderten wird hier Wein von höchster Qualität gekeltert. Begründet 1718, schon im frühen 19. Jahrhundert wegweisend im Qualitätsweinbau, im 20. Jahrhundert von Friedrich von Bassermann-Jordan entscheidend geprägt und heute in besten Händen – nämlich denen des begnadeten Rebenflüsterers und Kellermeisters Ulrich Mell –, zählt das Weingut Bassermann-Jordan zu den tragenden Säulen des deutschen Weinbaus.

www.bassermann-jordan.de

2019 FRAUENBERG
Weingut Battenfeld-Spanier, Rheinhessen

DER WEIN Der kalkig-salzige Herkunftscharakter, der Hans Oliver Spanier generell so wichtig ist, wird diesem Wein zum Wesenskern. An seiner kühlen, steinigen Eleganz wird sich niemand die Zähne ausbeißen, so betörend spielt dieser Weltklasse-Riesling seine Vorzüge aus, sein Wechselspiel von Würze und Mineralität, von Kraft und Feingliedrigkeit.

DAS GUT Hans Oliver Spanier, der Gründer unter den deutschen Wein-Größten (sein Weingut existiert, man kann es immer wieder kaum glauben, tatsächlich erst seit 30 Jahren), hat eine klare Vorstellung vom Weinbau: konsequent naturnah, inzwischen auch biodynamisch zertifizierte Bewirtschaftung, klares Bekenntnis zum Terroir-Gedanken und zur Intuition, die ihm beim Weinmachen so viel wichtiger ist als das Irgendwo-Gelernte und das Immer-schon-so-Gemachte.

www.kuehlingandbattenfeld.de

2019 NONNENBERG
Georg Breuer, Rheingau

DER WEIN Eine steil nach Süden abfallende Monopollage, einst unter der Aufsicht der Nonnen des Klosters Tiefenthal gewachsen und gepflegt, ist der Geburtsort dieses herausragenden Weins, der ein starkes Rückgrat mit vielfältig schillernden Aromen verbindet, im Kern eine dezente Exotik entwickelt, die aber mit beiden Beinen im Hier und Jetzt steht – und dann schier endlos nachhallt.

DAS GUT Als eine der prägenden Figuren der jüngeren Rheingauer Weinbaugeschichte hat Bernhard Breuer mit seinen trockenen Rieslingen in den 1980er-Jahren Akzente gesetzt, die weit über das Familienweingut hinausstrahlen. Heute führt seine Tochter Theresa dieses Erbe konsequent weiter – und interessiert sich neben den klassischen Rieslingen und Burgundern zunehmend auch für historische Sorten wie Heunisch oder Orleans.

www.georg-breuer.com

2019 REITERPFAD
Weingut Dr. Bürklin-Wolf, Pfalz

DER WEIN Für diesen Wein aus bester Ruppertsberger Rieslinglage wird nur die höchste Traubenqualität selektioniert, um zum idealen Ausdruck des Terroirs zu gelangen. Und wie das beim Reiterpfad gelang! Ein Wein mit klarer Struktur, der schon in seiner Jugend enorme Tiefe aufweist; getrocknete Aprikosen, Mirabellen, feine Kräuterwürze, in gleichem Maße Kraft und Eleganz. Wer warten kann, der warte: grandioses Lagerpotenzial.

DAS GUT Auf mehr als 400 Jahren Geschichte baut in Wachenheim eine blühende Gegenwart mit bester Zukunftsperspektive auf. Unter der Leitung von Bettina Bürklin-von Guradze hat sich das Gut – auch dank konsequenter biodynamischer Bewirtschaftung auf höchstem Niveau – einen Spitzenplatz in der Riesling-Weltrangliste erarbeitet, den der immer noch blutjunge Kellermeister Nicola Libelli seit einigen Jahren souverän – und mit klarer Handschrift – verteidigt.

www.buerklin-wolf.de

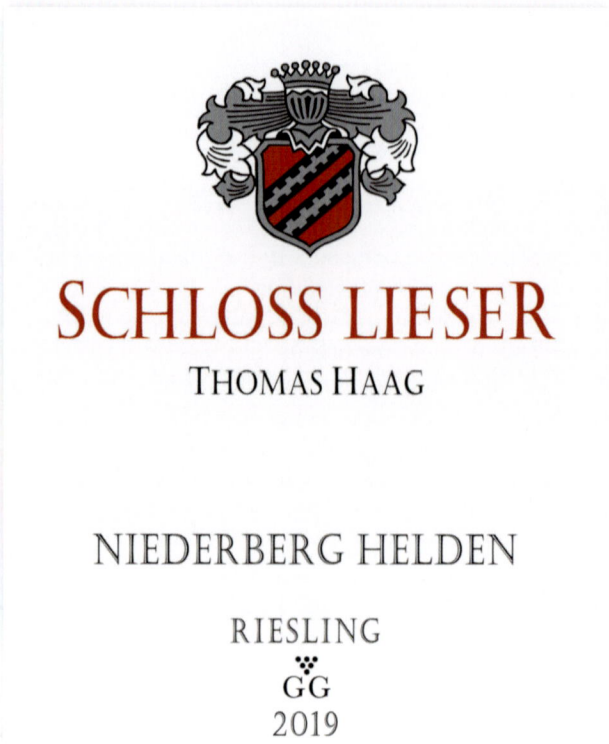

2019 MARIENBURG FAHRLAY
Clemens Busch, Mosel

DER WEIN Extreme Steillage, blauer Schiefer, spontane Gärung, lange Reifung – und am Ende ein Wein, der seine Lebendigkeit nicht unterdrückt, der sich auch noch im Glas erheblich entwickelt, und zwar zur Perfektion. Komplexe Würze von Minze bis Apfel, wenig Birne, etwas Zitrus und ordentlich Zug hin zum mineralisch-salzigen Finish.

DAS GUT Kompromisslose Naturnähe, biodynamische Bewirtschaftung, innovative Ansätze in der Kellerarbeit: Clemens Busch geht seinen eigenen Weg, lässt seine Waldziegen als Landschaftspfleger in die Weingärten und seine Rieslinge im traditionellen Fuderfass spontan gären, arbeitet vor allem mit der Hand – und viel mit dem Herzen.

www.clemens-busch.de

2019 PETTENTHAL
Weingut Kühling-Gillot, Rheinhessen

DER WEIN Die Große Lage Petthental ist Teil des legendären Roten Hangs, wo roter Tonschiefer einen einzigartigen Wein entstehen lässt: erdige, teils noch hefige Töne, dunkles Aromenspiel. Mit fast mediterraner Würze und präsenten Gerbstoffen ein kraftvoller Wein, der aber doch nie zu sehr auf die Pauke haut. Denn als wüsste er, was er kann, kann er sich auch schon als Jugendlicher gut zurückhalten. Man wird ihn trotzdem noch sehr gerne beim Älterwerden begleiten.

DAS GUT Die Rheingauer Parallel-Aktion trägt goldene Früchte: Vor 20 Jahren übernahm Carolin Spanier-Gillot das elterliche Weingut in Bodenheim, vor 15 Jahren knüpfte die Liebe das Band zu Hans Oliver Spanier (Weingut Battenfeld-Spanier). Seither regiert im Rheingau eine souveräne Doppelspitze, die längst Weltformat hat.

www.kuehling-gillot.de

2019 LENCHEN
Peter Jakob Kühn, Rheingau

DER WEIN Das GG aus der eigentlich für edelsüße Weine prädestinierten Lage am Oestricher Lenchen zeigt schon in jungen Jahren – freilich nach zweijähriger Fassreife – seine wahre Größe, die auf einem floralen Kern fußt, um den Salzigkeit, Extrakt und Säure so harmonisch gewoben sind, dass man meinen könnte, Leichtigkeit und Größe gingen immer Hand in Hand. Tun sie nicht. Aber hier tun sie es sehr wohl.

DAS GUT Mit Peter Bernhard Kühn ist heute bereits die zehnte Winzer-Generation in dem Oestricher Betrieb am Werk. Den Weg, den sein Vater Peter Jakob gewiesen hat, hat er nicht verlassen: konsequente biologisch-dynamische Bewirtschaftung, Harmonie von Natur und Kultur, Fokus auf die Herausarbeitung des Terroirs – what else bei solchen Lagen?

www.weingutpjkuehn.de

2019 NIEDERBERG HELDEN
Schloss Lieser Thomas Haag, Mosel

DER WEIN Viele Winzer erzählen einem gern davon, wie sie das Besondere ihres Terroirs in die Flasche bringen. Wenigen Winzern aber gelingt diese Übung so vortrefflich wie Thomas Haag mit seinem GG Niederberg Helden, einem im besten Sinne saftigen, angenehm vollschlanken Riesling, der seine innere Eleganz aber nicht verleugnen mag (Und warum sollte er auch?). Ein Wein aus allerbester Lage – und, ja, das schmeckt man.

DAS GUT Jugend schützt vor Großartigkeit nicht: In den 1990er-Jahren übernahmen Thomas und Ute Haag Schloss Lieser in eher desolatem Zustand und hoben es innerhalb kürzester Zeit an die Spitze des deutschen Weinbaus und nicht nur der Mosel. Ein Kraftakt, wie er selten gelingt – und vor allem kaum je so mühelos.

www.weingut-schloss-lieser.de

Rieslinge für die Ewigkeit

2019 WEILBERG
Weingut Rings, Pfalz

DER WEIN Ein Wein aus – buchstäblich – allererster Lage: Am Ungsteiner Weilberg wurde zur Römerzeit der Grundstein für den Pfälzer Weinbau gelegt. Im Portfolio der Rings-Brüder ist die Lage freilich neu, aber sie wissen damit umzugehen – ihr Riesling Weilberg ist kein filigranes Gewächs, sondern ein prächtiger Wein mit reifen Noten, warmer, terroirgeprägter Würze und einem Sinn für das Mediterrane. Schon wieder buchstäblich: ein Welt-Wein.

DAS GUT Unter der Leitung von Andreas und Steffen Rings schaltete das bis in die späten 1990er-Jahre als gemischte Landwirtschaft betriebene Freinsheimer Weingut etliche Gänge höher, zuletzt wurde der Turbo gezündet: große Lagen, sorgfältige biologische Bewirtschaftung, keine Tricks im Keller – Start-Ziel-Sieg.

www.weingut-rings.de

2019 MORSTEIN
Weingut Wittmann, Rheinhessen

DER WEIN Der Morstein wurde als Einzellage schon anno 1282 erstmals erwähnt; ein Dreivierteljahrtausend später keltert Philipp Wittmann daraus einen Riesling, der geradezu geschichtsträchtig erscheint: Bei allem hochtourigen 2019er-Aromenspiel kippt dieses GG nie ins Überbordende, sondern bleibt mit seinen kühleren Zwischentönen, seiner inneren Strahlkraft stets elegant – in Sachen Balance ein echtes Jahrhunderttalent.

DAS GUT Philipp Wittmann denkt bei der Arbeit in großen Zeiträumen, die 350 Jahre beziehungsweise 15 Generationen, die ihm an seinem Weingut vorangegangen sind, betrachtet er als sein Erbgut. Ganz in diesem Sinne zeichnet Wittmanns Vater Günter, seinerseits ein Pionier des biologischen Weinbaus in Rheinhessen, nach wie vor für die Pflege der Weingärten verantwortlich; aber ja, Weinbau ist ein Generationenvertrag.

www.wittmannweingut.com

Absolute Meisterwerke

Die Ewigkeit. Ein großes Wort. Etwas, das sich der Mensch kaum vorstellen kann – und doch hat man irgendwie eine Idee davon. Eine Idee davon, dass man „Ewigkeit" irgendwie fühlen kann, dass es Momente gibt, die nicht enden sollen, die man bewahren möchte, in die man sich immer wieder hineinversetzen lassen will. Wenn wir von Rieslingen für die Ewigkeit sprechen, dann meinen wir damit vor allem diese Momente. Wir meinen Weine, die so groß, so erhaben, so schön sind, dass sie die Erinnerung an diese besonderen Ereignisse noch schöner und beglückender werden lassen. Wir meinen das Potenzial dieser Weine, Erinnerungen wieder aufleben zu lassen. Und wir meinen damit natürlich auch, dass diesen Weinen ein Reifepotenzial innewohnt, das sie von den vielen sehr guten Weinen noch einmal ein Stückchen abhebt. Die Rieslinge, die wir Ihnen hier vorstellen, haben nicht nur das Potenzial zum „Wein des Abends", sie haben das Potenzial zum „Wein des Lebens". Sie sind jetzt schon Klassiker und absolute Meisterwerke. Diese Weine gehören zu dem Besten, was man in Deutschland trinken kann. All das mag im ersten Moment sogar etwas einschüchtern. Welcher Anlass wird diesem – vielleicht dem einen – Wein gerecht? Wen einladen, was kochen, welche Gläser ...? Wenn Sie diese Hemmungen empfinden, möchte ich Sie einladen, einen dieser Weine zu kaufen, ihm ein paar Jahre Flaschenreife in Ihrem Keller angedeihen zu lassen und ihn dann an einem schönen Abend mit guten Freunden oder Ihrem Partner zu öffnen. Nehmen Sie sich ein wenig Zeit, spüren Sie in den Wein hinein und in das, was dieser Wein in Ihnen auslöst. Sie müssen nicht auf den perfekten Moment für einen großen Wein warten, manchmal kann ein Moment gerade durch einen Wein zum perfekten Moment werden, wenn man sich auf ihn einlässt. Dass ich Ihnen dazu rate, diese Weine zu kaufen und dann erst einmal zu „vergessen", also im Keller einzulagern, hat natürlich einen Grund. Selbstverständlich sind große Weine auch in ihrer Jugend schon beeindruckend. Doch nach ein paar Jahren (die sich für den Weinliebhaber tatsächlich wie eine Ewigkeit anfühlen können) fangen diese Weine an zu vibrieren, sie zeigen ihren wahren Kern, sie zeigen, wie Ewigkeit schmecken könnte. Und sie zeigen was Wein so einzigartig auf dieser Welt macht, nämlich, dass es sich dabei um ein handwerklich hergestelltes Lebensmittel handelt, das in seiner Endverpackung noch über Jahre und Jahrzehnte weiter reift, sich dabei verändern, immer neue Facetten zeigen kann – ich kenne kein anderes Lebensmittel, bei dem das möglich ist. Bei der Verkostung alter Weine kann eine Leidenschaft zum Thema entstehen, die manche wunderlich finden – bis sie selbst einmal in den Genuss eines gereiften Weines kommen. In diesem Moment nämlich werden die Schwärmereien der Sommeliers und Weinliebhaber, die angeregten Diskussionen, die Liebe zum Wein auch für sie nachvollziehbar und verständlich. Wein ist Kunst und Lebensfreude – für die Ewigkeit ebenso wie für heute.

Eva Adler ist Sommelière und Weinhändlerin. Nach einem kurzen Ausflug in die Welt der BWL folgte sie ihrer Leidenschaft für Wein und absolvierte nach ihrer Ausbildung bei einem Wein-Großhandel eine Weiterbildung zur Sommelière an der IHK München. Sie liebt Wein und ist manchmal noch immer erstaunt, mit welch schönem Thema sie ihr Berufsleben füllen darf.

Rieslinge für die Ewigkeit

FLÜSSIGE FAMILIEN-GESCHICHTE

In jedem guten Wein steckt die Erinnerung an die Zeit, in der er entstanden ist – und an seine Schöpfer. Die raren Flaschen aus dem Weingut Keller in Flörsheim-Dalsheim haben viel zu erzählen – vom sonnigen Wonnegau, von Feinschmecker-Labradoren und von Queen Elizabeth II. zum Beispiel.

WEINGUT KLAUS PETER KELLER

INHABER	Klaus Peter Keller
GRÜNDUNG	1789
REBFLÄCHE	20 Hektar
PRODUKTION	120.000 Flaschen
LAGEN	Brunnenhäuschen, Bürgel, Frauenberg, Hipping, Kirchspiel, Oberer Hubacker, Pettental
REBSORTEN	Riesling, Burgundersorten, Silvaner, Rieslaner, Scheurebe

Weingut Klaus Peter Keller

Willkommen im Wonnegau:
Die Gegend zwischen
Alzey und Worms in Rhein-
hessen gehört zu den
wärmsten und sonnigsten
Gebieten Deutschlands.

Peng! Bumm! Die Vogelscheuchen werden auch immer militanter. In den Weinbergen oberhalb von Flörsheim-Dalsheim in Rheinhessen kracht und knallt es, als tobe ganz in der Nähe ein erbittertes Gefecht. In Wirklichkeit handelt es sich aber nur um den Versuch, hungrige Traubenfresser zu vertreiben. Automatische Schreckschussanlagen sollen Vögel davon abhalten, die reifen Beeren wegzupicken. „Ich mag das nicht, das ist ja wie im Krieg", sagt Klaus Peter Keller. „Furchtbar!" In seinem Wingert setzt er lieber auf „biologische Abschreckung". Zwischen den dichten Reihen seiner Rebstöcke sind Lautsprecher versteckt. Die Raubvogel-Stimmen vom Band klingen angenehmer als die Explosionen in den benachbarten Rebgärten, und es funktioniert genauso gut.

Trotzdem sind an den Rändern des Weinbergs einige Trauben angefressen. Der Boden zwischen den Rebstöcken ist übersät mit aussortierten Beeren. Beim Ernte-Auftakt in den Hügeln rund um Flörsheim-Dalsheim helfen alle mit: Das Winzer-Ehepaar Klaus Peter und Julia Keller, Angestellte, Praktikanten, Weinbaustudenten und Hilfsarbeiter. „Weinbau ist immer Teamwork", sagt Klaus Peter Keller, während er sorgfältig Spätburgunder-Trauben abschneidet und begutachtet. Die reifen und intakten Beeren kommen in Plastikkisten, sein Sohn Felix verarbeitet sie zu Sekt. Die verschrumpelten Trauben werden weggeworfen, ein Teil bleibt am Stock hängen für eine spätere Ernte.

Der perfekte Zeitpunkt und die sorgfältige Selektion sind die Grundlage für einzigartige Weine. Die Kellers spielen in den drei Bereichen Weiß, Rot, Edelsüß in der absoluten Weltklasse mit. So begehrt sind die Flaschen mit den altmodischen Frakturschrift-Etiketten, dass nur die wenigsten Weinliebhaber in ihren Genuss kommen. Die Jahrgänge sind sofort ausverkauft, wenn sie auf den Markt kommen. Besonders der sagenumwobene Super-Riesling G-Max lässt den Puls von Weinfans hinaufgehen, Sammler zahlen mehr als 2000 Euro für eine Flasche. Auf dem Etikett seines begehrten Weins steht nicht einmal – wie bei Spitzenweinen üblich – eine berühmte Lage, sondern nur der Jahrgang und die Rebsorte. Keller verrät nicht, aus welchen Weinbergen die Trauben stammen.

Wein probieren können Kunden am Weingut Keller normalerweise nicht. Das wäre auch zwecklos, denn spontan eine Kiste Wein kaufen, das geht leider auch nicht. Die Flaschen sind alle kontingentiert und lange im Voraus an Stammkunden, Spitzenrestaurants und exklusive Weinläden vergeben. Die Großen Gewächse aus den Lagen Abtserde, Morstein, Kirchspiel, Hubacker, Hipping und den G-Max bekommt man, wenn überhaupt, nur auf Subskription und in Zwölfer-Paketen zu vierstelligen Pauschalpreisen. Auch die günstigeren Gutsweine zwischen 10 und 20 Euro kann man nicht so einfach kaufen. Wer will und es sich leisten möchte, kann stattdessen bei Onlinehändlern das Keller-Gesamtpaket bestellen, neun Kisten mit allen Großen Gewächsen für 49.999,99 Euro. „Eigentlich produzieren wir Wein für Leute, die es wirklich zu schätzen wissen und ihn trinken wollen", sagt Klaus Peter Keller, „und nicht als Spekulationsobjekt." Aufgrund der hohen Nachfrage entscheiden die Winzer selbst, wer kaufen darf und wer nicht: „Das ist wie mit den Dauerkarten für den FC Bayern, die muss man auch zuteilen."

Trotz der schwindelerregenden Preise, der vielen Auszeichnungen und der Hymnen in internationalen Weinfachmagazinen („monumental", „genial", „irrsinnig brillante Weine in elektrisierender Vollkommenheit") wirkt die Winzerfamilie Keller relativ normal und bodenständig. Als Winzer ist man schließlich von der Natur deutlich abhängiger als von Weinkritikern. Trotz aller Temperaturrekorde, Unwetter und sonstiger Wetterextreme lief es die letzten Jahre nicht so schlecht für die Kellers. Als Klaus Peter im Jahr 2000 ins Weingut seines Vaters Klaus einstieg, liebäugelte er mit dem Kirchspiel, einer Lage, die viele für unrentabel hielten. Mittlerweile gilt das Kirchspiel als Vorzeige-Lage für die Bedeutung rheinhessischer Rieslinge, auch weil sich die klimatischen Bedingungen so verändert haben, dass die Riesling-Trauben länger reifen können. Früher war es in Rheinhessen oft zu kühl für Riesling, das ist heute anders: „Wir gehören zu den Klimawandel-Gewinnern."

Das Gebiet zwischen Alzey und Worms heißt nicht umsonst Wonnegau, handelt es sich doch um eine der wärmsten Gegenden Deutschlands. Auf dem Weingut wachsen große Feigenbäume, der Oleander blüht, Weinreben hängen wie ein Vorhang vor dem Innenhof. Gegenüber dem Gutshaus, in dem Kellers auch wohnen, befindet sich ein großer Garten, in dem Gemüse, Kräuter und Salat wachsen; gerade hat Julia Keller 30 Kilo Tomaten eingekocht. Die Hügel rund um Flörsheim-Dalsheim sind fast komplett mit Reben bepflanzt, etwa 20 Hektar davon bewirtschaften die Kellers. Zusätzlich besitzen sie eine kleine, uralte Steillage an der Mosel, Klaus Peter Kellers Mutter hat sie mit in die Familie gebracht.

AUSGESCHENKT WELTWEIT

DÄNEMARK	DÄNEMARK	FRANKREICH	USA
– Geranium	– Noma	– Taillevent	– Alinea
www.geranium.dk	www.noma.dk	www.taillevent.com	www.alinearestaurant.com

Weingut Klaus Peter Keller

Ahnengalerie: Die Vorfahren
der Kellers kamen aus
der Schweiz und produzierten
seit 1789 Wein in Flörsheim-
Dalsheim.
Rechts: Labrador Pinot Gris
in seiner Weinfasshütte.

Weingut Klaus Peter Keller

> „Wenn man so eine Flasche öffnet, schmeckt
> man nicht nur den Jahrgang, sondern auch
> die Lebensumstände der Winzer – ob jemand
> krank war, ob sich jemand getrennt hat." Klaus Peter Keller

„Ich empfinde Demut und Ehrfurcht vor der Natur, wenn ich in einem Weinberg stehe, der vor 100 Jahren angelegt wurde", sagt Klaus Peter Keller, 47. „Es wird vieles unwichtig, wenn man im Rebberg steht und körperlich arbeitet." Ideen und Strategien für die Zukunft entstehen oft bei der gemeinsamen Arbeit draußen in der Natur. Die ganze Familie ist fachlich mit eingebunden. Ehefrau Julia, 44, stammt aus einer Winzerfamilie in Westhofen, die Söhne Maximilian, 21, und Felix, 23, wollen auch in die Weinbranche; Felix studiert in Geisenheim und produziert bereits Sekt. Das Weingut selbst wurde 1789 gegründet, die Vorfahren kamen aus der Schweiz.

„Meine Schwiegereltern waren ihrer Zeit voraus", erzählt Julia Keller, „sie haben früh Erträge reduziert und Reben von der Mosel mit nach Dalsheim gebracht." Seit zwei Jahrzehnten ist nun eine Generation am Zug, die über den Tellerrand hinausschaut. „Wir machen nicht mehr zwangsläufig das, was unsere Väter gemacht haben", sagt die Winzerin. Wenn ein Generationswechsel so gut abläuft wie bei Kellers, dann kann das zu einem Qualitätssprung in der Weinproduktion führen, ohne die Tradition zu verraten. Das wäre auch schade, denn jeder gute Wein erzählt ja auch etwas über die Zeit, in der er entstanden ist – und über seine Schöpfer. „Das Schöne am Weinmachen ist, dass es ein Stück flüssige Familiengeschichte ist", sagt Julia Keller.

Der G-Max etwa ist nach Opa Georg und Sohn Maximilian benannt, und der Hipping Riesling Großes Gewächs erzählt von Queen Elizabeth II. Ja, im Buckingham Palace werden auch Keller-Weine ausgeschenkt. Und das kam so: Vor dem 60-jährigen Thronjubiläum der Queen im Jahr 2012 meldete sich der royale Weinberater in Dalsheim und fragte an, ob Kellers einen Wein zum diamantenen Jubiläum fabrizieren könnten. Das konnten sie gut

und gerne, sie füllten einen Niersteiner Hipping ab und lieferten ihn persönlich in den Buckingham Palace. „I am deeply touched", schrieb die Queen in einem Dankesbrief nach Dalsheim. Auch den „Babywein" für die Thronfolger George, Charlotte und Louis bestellten William und Kate in Dalsheim, einen Kabinett von Keller.

Die Großen Gewächse kann man problemlos mehrere Jahrzehnte liegen lassen, edelsüße Weine noch länger. „Das ist wie eine Familienbibliothek", sagt Klaus Peter Keller. „Wenn man so eine Flasche öffnet, schmeckt man nicht nur den Jahrgang, sondern auch die Lebensumstände der Winzer – ob jemand krank war, ob sich jemand getrennt hat, auch die Corona-Pandemie wird eine Auswirkung auf den Wein haben." Deshalb behandeln Kellers ihre Reben auch wie gute Freunde und Familienmitglieder – mit Respekt und Liebe. Julia und Klaus Peter Keller sind keine Esoteriker, aber wenn es um ihren Wein geht, sind sie so leidenschaftlich und intuitiv wie ihr Hund namens Pinot Gris. Der steht total auf reife Burgunder-Trauben und freut sich während der Erntezeit über jede aussortierte Beere, die er am Boden findet. „Wir gehen tatsächlich manchmal durch die Weinberge, streicheln die Blätter und loben die Reben", sagt Julia Keller. „Ich bin der festen Überzeugung, dass sich das irgendwie auswirkt."

AUSGESCHENKT WELTWEIT

USA	USA	USA	USA
– Eleven Madison Park	– Le Bernardin	– Masa	– Per se
www.elevenmadisonpark.com	www.le-bernardin.com	www.masanyc.com	www.thomaskeller.com/perseny

Grüner Daumen: Im Garten gegenüber vom Weingut Keller baut die Familie Gemüse, Obst, Salat und Kräuter für den Eigenbedarf an.

Weingut Klaus Peter Keller

VERKOSTUNGSNOTIZEN

2018 DALSHEIM BÜRGEL SPÄTBURGUNDER
Der Bordeaux unter den Pinots: tiefgründig, animalisch, dicht gewoben und komplex mit dunklen Beeren und ebensolcher Schokolade. Sehr eigenständiger Charakter. Passt zu Milchlammschulter (mit Lorbeer geschmort), aber auch zu gereifter Schafssalami.

2019 DALSHEIM HUBACKER RIESLING
Ein Kätzchen auf sanften Pfoten: schleicht sich an, streicht um den Gaumen und nimmt einen dann voll und ganz ein. Sanft exotisch, saftiger Pfirsich, etwas grüne Paprika, Jasmin und grüner Apfel. Dicht und komplex, vielschichtig und lang. Passt zu asiatischer Küche, etwa grünem Curry.

2019 SILVANER
Ein frischer und unaufdringlicher Silvaner mit eleganter, feiner Frucht und dezent pfeffrig-kräuterigen Noten.

Jhonel Faelner

Sommelier im Atomix New York

Der beste Weg, meine Faszination für das Weingut Keller weiterzugeben, besteht darin, jemandem kommentarlos ein Glas einzuschenken. Die Weine von Klaus Peter und Julia Keller aus Rheinhessen sprechen für sich selbst und wirken wie aus einer anderen Welt. Beginnend mit 2001 haben sie das Weingut aktuell wohl zu seiner größten Blüte seit der Gründung im Jahr 1789 geführt. Diese Weine sind zwingende Beispiele dafür, warum der Riesling eine der besten Rebsorten für die Herstellung hochklassigster Weine ist.

Rieslinge für jetzt

Er wird sogar bei den Niagarafällen, im südlichen Australien, in Neuseeland und Moldawien angebaut. Dennoch ist und bleibt der Riesling die deutsche Traube schlechthin. Nahezu die Hälfte des weltweit angebauten Rieslings kommt aus Deutschland, und da sind es vor allem Mosel, Nahe, Rheingau und Pfalz, die als klassische Riesling-Regionen gelten. Aber auch in Rheinhessen, Franken, Württemberg und Baden werden längst großartige Rieslinge produziert. Er kann fruchtsüß – wie vorwiegend an der Mosel – ebenso wie knochentrocken ein purer Genuss sein, wie auch die hier vorliegende Top-Ten-Liste aktueller Rieslinge aus allen Teilen Deutschlands beweist.

2019 WALLUFER WALKENBERG
SPÄTLESE TROCKEN
J. B. Becker, Rheingau

DER WEIN Dieser Klassiker mit gewaltigem Reifepotenzial aus dem Wallufer Walkenberg entfaltet in der Nase ein Aroma nach Zitronenzesten, aromatischem Apfel und dezent exotischem Duft nach Mango und Passionsfrucht. Am Gaumen präsentiert er sich zart mineralisch. Eine komplexe, vielschichtige Spätlese, die mit ihrem ganz geringen Restzucker Liebhaber trockener Weine überzeugt.

DAS GUT Johann Josef Becker, den sie im Rheingau nur kurz „Hajo" nennen, ist ein Traditionalist im besten Sinn des Wortes. Denn sein Credo ist, den Weinen so wie früher Zeit zum Reifen zu lassen und auf keinen Fall mit technischen Mitteln in diesen Prozess einzugreifen. „Filtration ist nur etwas für eilige Gemüter", pflegt Hajo Becker in diesem Fall zu sagen.

www.beckerweine.com

2019 FRÜHTAU
Weingut Emrich-Schönleber, Nahe

DER WEIN Er trägt seinen Namen völlig zu Recht, denn sein Genuss hat durchaus etwas von einem Spaziergang durch die Natur an einem frischen Frühlingsmorgen. Leichtfüßig kommt dieser Riesling daher, es duftet nach steiniger Erde und Kräutern, die Nase lässt Pfirsich und sonnenreifes Steinobst erahnen – und dazu kommt eine leichte Feuersteinnote, die dem roten Schieferboden geschuldet ist.

DAS GUT Werner Schönleber hat das überwältigend positive Image der Naheweine nachhaltig mitgeprägt, ehe er die Leitung des Weinguts seinem Sohn Frank übertrug. Der Senior arbeitet aber nach wie vor engagiert im Betrieb mit. Gemeinsam produziert die Familie Jahr für Jahr stattliche Rieslinge von außergewöhnlichem Format, die zu Recht einen Platz im deutschen Spitzenfeld einnehmen.

www.emrich-schoenleber.de

2019 MÉLANGE
Eva Fricke, Rheingau

DER WEIN Der Name verrät es bereits: Hier liegt ein Lagenverschnitt aus Eltville und Hattenheim im oberen Rheingau vor; und diese Cuvée aus alten Reben ist absolut gelungen. Mit fruchtigen Noten von Pfirsich, Aprikose und Mirabelle präsentiert sich dieser Riesling in samtiger Dichte, kristallin und mit einem gänzlich trockenen Finale.

DAS GUT Die gebürtige Bremerin Eva Fricke wollte eigentlich Bierbrauerin werden, hat sich aber zum Glück für die Weinwelt anders entschieden. Mit ihrer einfachen, aber kompromisslosen Ideologie, puristische, reine und ausdrucksstarke Rieslinge mit großer Eleganz zu produzieren, eroberte sie den Rheingau im Sturm, denn das gelingt der Geisenheim-Absolventin hervorragend.

www.evafricke.com

2020 SCHIEFERKRISTALL
Karthäuserhof, Mosel

DER WEIN Der „Schieferkristall" ist so etwas wie der Einstiegswein dieses Weinguts. Dass die Trauben dafür zu 100 Prozent aus der Großen Lage Karthäuserhofberg kommen, zeigt schon, auf welchem Niveau hier eingestiegen wird. Ein sehr klarer, präziser und kristalliner Riesling, der dennoch – und das ist die Handschrift von Kellermeister Mathieu Kauffmann – zarten Schmelz aufweist.

DAS GUT Albert Behler, der das Familien-Weingut in siebter Generation besitzt, ist nicht nur bei Weinen auf die feinen Nuancen bedacht, sondern auch bei Worten. Wenn er sagt, „Wir schreiben jeden Tag ein paar Silben an unserer Geschichte", unterstreicht er damit auch einen wesentlichen Teil seiner Philosophie des Weinmachens – nämlich, dem natürlichen Lauf der Dinge ausreichend Zeit zu geben.

www.karthaeuserhof.com

Rieslinge für jetzt

KLINGELBERGER

1782

Weingut
Andreas Laible

DR. LOOSEN

2019
Graacher
Riesling

WEINGUT THEO MINGES FLEMLINGEN A.D.WEINSTR.

| RIESLING |
Gleisweiler Hölle
Im oberen Letten
trocken
2019

RHEINGAU
13 37
Schloss Reinhartshausen
2019
WISSELBRUNNEN
Riesling Kabinett
GROSSE LAGE
Schlossabfüllung

2019 KLINGELBERGER 1782
Andreas Laible, Baden

DER WEIN Im Jahr 1782 ließ Markgraf Carl Friedrich auf dem Klingelberg in Durbach ausschließlich Riesling anpflanzen und schuf so den ersten sortenreinen Weinberg in Baden. Der Leidenschaft für Ur-Riesling folgen neben elf anderen Gütern auch Vater und Sohn Andreas Laible, die mit dem „1782er" nach den strengen Vorgaben, die für diese Bezeichnung gelten, einen echten Vorzeigewein geschaffen haben.

DAS GUT Straffe und mineralische Weine sind das Ding des badischen Winzerduos, bei dem die Hälfte der fast acht Hektar umfassenden Lagen dem Riesling gewidmet ist. Die Weinberge liegen im Durbacher Plauelrain, der mit einer Steillage von 80 Prozent Neigung ausschließlich Handarbeit ermöglicht. Neben dem Riesling widmet sich Laible weißen Burgundersorten und dem Traminer.

www.andreas-laible.com

2019 GRAACHER
Weingut Dr. Loosen, Mosel

DER WEIN Er ist zwar als Ortswein klassifiziert, aber die Trauben für diesen Riesling stammen aus der Großen Lage Himmelreich – halt „nur" von den jüngeren Reben und nicht von den über 100 Jahre alten Rebstöcken. Nomen es omen, bereitet dieser fruchtige Wein, der verlockend nach Zitrusfrüchten und gelbem Steinobst duftet und mit feiner Säure besticht, auch ein geradezu himmlisches Vergnügen.

DAS GUT Große Weine, davon ist Weingut-Chef Ernst „Ernie" Loosen überzeugt, sind perfekter Ausdruck des Bodens, des Klimas und der Rebsorte. Mit dem großen Erbe der Vorfahren, nämlich wurzelechten Rebstöcken in den historischen Großen Lagen der Mittelmosel, verfügt er über die denkbar besten Voraussetzungen, um eigenständige, komplexe Weine von großem Format zu produzieren.

www.drloosen.de

2019 GLEISWEILER IM OBEREN LETTEN
Theo Minges, Pfalz

DER WEIN Der Ausblick vom Panoramawingert in der Gleisweiler Hölle am Fuße des Teufelsberg auf die Riesling-Rebzeilen des Weinguts ist sensationell. Aber auch Einblicke in den Wein, der dieser Lage entspringt, zahlen sich aus. Denn dieser Riesling schafft es neben seiner komplex-dichten Aromatik auch fest zuzupacken und gleichzeitig mit wunderbar balancierter Säure sanft zu schmeicheln.

DAS GUT Vater Theo und Tochter Regine Minges leiten das Gut als – wie sie sich selbst nennen – Herzblutwinzer gemeinsam und produzieren im ökologischen Anbau Riesling, Spätburgunder, Scheurebe und Muskateller. Letzterer wird bei Familie Minges, die die Weinbautradition bereits in siebenter und achter Generation hochhält, auch zu einem bemerkenswerten Schaumwein versektet.

www.weingut-minges.com

2019 WISSELBRUNNEN
Schloss Reinhartshausen, Rheingau

DER WEIN Die Mergelböden der sonnenverwöhnten, nach Süd-Südwest ausgerichteten Lage Wisselbrunnen sind ein idealer Wasserspeicher. Weine aus dieser Lage zeichnen sich auch deshalb durch feine Frucht, pikante Säure und gute Lagerfähigkeit aus – so wie dieser große, dichte Riesling mit seiner vielschichtigen Finesse und dem feinen Säurespiel im betörenden Finale.

DAS GUT Unter der Ägide der Pfälzer Eigentümerfamilie Lergenmüller werden auch markante Inselweine produziert, gehört doch die im Rhein liegende Insel Mariannenaue, auf der über 20 Hektar Rebstöcke von teilweise vergessenen, autochthonen Sorten gepflanzt sind, zum Gut. Insgesamt verfügt Schloss Reinhartshausen über 65 Hektar Rebfläche, teils in besten Lagen wie im historisch bedeutsamen Weinberg Marcobrunn.

www.schloss-reinhartshausen.de

Rieslinge für jetzt

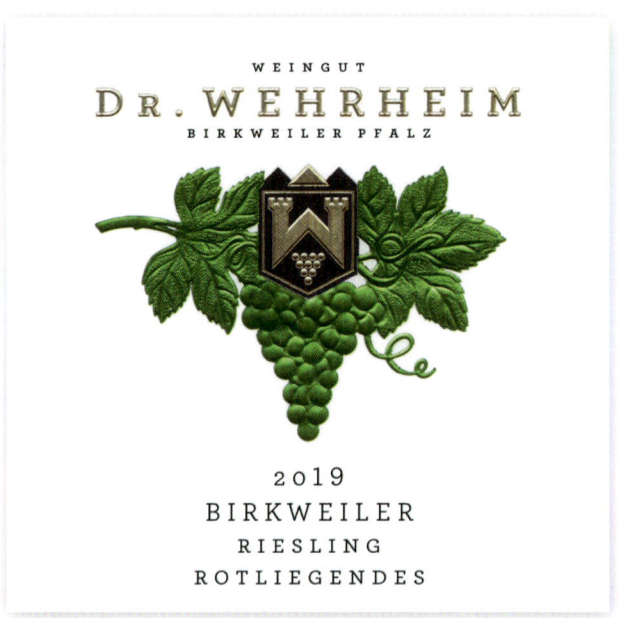

2019 BIRKWEILER ROTLIEGENDES
Weingut Dr. Wehrheim, Pfalz

DER WEIN Die oxidierten Eisensalze des Bodens geben dem kargen Gestein jene Farbe, die auch Namensgeber für diesen Wein ist. Der Riesling, der auf diesem Boden sehr kleine Beeren und ein weit verzweigtes Wurzelwerk ausbildet, zeichnet sich deshalb auch durch besonders volle, würzige Aromatik und eine markante Mineralik aus.

DAS GUT Karl-Heinz und sein Sohn Franz Wehrheim arbeiten in ihrem Weingut nach den Regeln der Biodynamie. Ihre besten und bekanntesten Lagen tragen nicht nur bezeichnend bildhafte Namen wie Kastanienbusch, Mandelberg und Sonnenschein, sondern sind tatsächlich ganz herausragende Geburtsstätten für charaktervolle Weinpersönlichkeiten.

www.weingut-wehrheim.de

2019 DEIDESHEIMER PARADIESGARTEN
Weingut von Winning, Pfalz

DER WEIN Schon der Name verrät, dass Paradiesgarten ganz oben am Wald bei Deidesheim eine der vielversprechendsten Lagen dieses Pfälzer Guts ist. Und so präsentiert sich auch der Riesling, der hier seine Wurzeln hat: in der Nase fast ungestüm fordernd, am Gaumen zupackend, dabei äußerst elegant, geprägt von feiner Säure und mit bestem Entwicklungspotenzial.

DAS GUT Wie auch seinen Parade-Sauvignon baut Stephan Attmann mit Kellermeister Kurt Rathgeber seine besten Rieslinge im 500-Liter-Holzfass aus. Seit 2017 bleiben die Weine zudem länger auf der Feinhefe, um ihnen noch mehr Tiefe, Komplexität, Charakter und Feinheit zu verleihen. Denn die Philosophie bei von Winning ist, die Weine ohne äußere Einflüsse und mit viel Ruhe reifen zu lassen.

www.von-winning.de

Große Freude in jungen Jahren

Bei einer Rebsorte, die in Deutschland seit mehr als 500 Jahren angebaut wird und einige der langlebigsten Weine überhaupt liefert, wird das Augenmerk der Weinwelt immer auf dem Potenzial liegen.

Was gibt es jedoch Schöneres, als ohne Anlass und ohne große Speisenbegleitung einen jungen Riesling zu genießen. Schon beim ersten Schluck öffnet sich in Mund und Nase ein unglaubliches Spektrum an Aromen. Ob duftig-exotisch oder mineralisch-straff, bei leichter Belüftung und in einem keinesfalls zu kleinen Glas entwickeln sie sich immer weiter und bieten so Genuss, der nie langweilt. Frisch, in der Regel leicht und in keiner Weise üppig oder sättigend, wird so das Verlangen nach einem weiteren Glas geweckt. Verbunden mit dem prägenden Element des Rieslings, der fruchtigen Säure, sorgt auch der meist moderate Alkoholgehalt für großen Trinkfluss und Spaß. Die Freude daran wird dadurch gesteigert, dass beim Genuss dieser Weine spekuliert werden darf, wie und in welche Richtung sie sich wohl entwickeln werden. Erlebbar ist dies bei Riesling in allen Qualitätsstufen und Ausbau-Varianten von trocken bis feinherb. So wie es wunderbaren, viele Jahre gereiften Kabinett gibt, machen auch Große Gewächse in jungen Jahren oft große Freude. Diese werden immer erst im September des Folgejahres in den Verkauf gebracht, es bekommt aber fast allen Rieslingen sehr gut, wenn sie ein Jahr reifen dürfen.

Die hier angeführten Protagonisten sind Musterbeispiele, bieten jetzt richtig großes Trinkvergnügen und bleiben dennoch aufregend lebendig in ihrer Entwicklung. Dies zeigt auch deutlich, dass Rieslinge für jetzt keine Weine zweiter Klasse sind, sondern getrunken werden können, ohne dass man sich in ein paar Jahren ärgert, nicht gewartet zu haben. Denn Wein zu verkosten, ihn dann zu erwerben und auch zeitnah zu trinken, wird ihm eigentlich eher gerecht, als dieses wunderbare Genussmittel zu einem Spekulationsobjekt im Keller zu degradieren. Dennoch sind diese Weine auch durchaus langlebig und lagerfähig. Es sollte also immer ausreichend davon vorrätig sein, dann muss die Frage nach dem Jetzt oder Später nicht gestellt werden.

Und natürlich darf zu diesen Weinen auch gegessen werden. Die gut eingebaute, fruchtige Säure mit oft deutlichen Noten von gelben Früchten und weißen Blüten macht jungen Riesling zu einem perfekten Begleiter trendiger, leichter Küche. Feinherbe Vertreter passen zu deutlich gewürzten und auch scharfen Gerichten, mit weniger prägnanter Säure passen sie sogar zu Salat. Trocken ausgebaute und eher säurebetonte Gewächse begleiten gebratenen Süßwasserfisch, aber auch eine Brotzeit perfekt.

Übrigens eignet sich nichts besser als Abschluss eines langen Abends mit Menü und/oder dem Genuss großer Weine – auch schwerer Roter – als eine Flasche junger, im Optimalfall feinherber Riesling. Ein perfekter Absacker, der Mund und Kopf wieder erfrischt.

Süße oder sogar edelsüße Rieslinge hingegen zeigen ihre ganze Klasse erst mit einer gewissen Reife, die bei entsprechenden Qualitäten durchaus erst nach einigen Jahrzehnten erreicht wird.

Thomas Hausmann, Jahrgang 1965, betreibt das Gasthaus Zum Fischmeister in Ambach am Starnberger See und liebt Riesling.

ALTES WISSEN UND FRISCHER WIND

Dies ist die Geschichte eines Winzers, dem die Schwalben zwitschern, wie das Weinjahr wird, der im Urlaub gerne Wasser trinkt und dem die Geburtstage seiner Kinder heilig sind. Und natürlich ist es die Geschichte eines Winzers, der großartigen Wein macht. Es ist die Geschichte von Cornelius Dönnhoff.

WEINGUT DÖNNHOFF

INHABER	Cornelius Dönnhoff
GRÜNDUNG	1750
REBFLÄCHE	30 Hektar
PRODUKTION	160.000 Flaschen
LAGEN	Niederhauser Hermannshöhle, Norheimer Kirschheck und Dellchen, Oberhauser Brücke, Roxheimer Höllenpfad, Schlossböckelheimer Felsenberg
REBSORTEN	Riesling, Grauburgunder, Weißburgunder

Weingut Dönnhoff

Moderne Produktionshalle,
natürliche Anbaumethoden:
Cornelius Dönnhoff setzt
auf neue wissenschaftliche
Erkenntnisse, den
„Fair'n Green"-Standard –
und auf sein Bauchgefühl.

In der Kelterhalle herrscht reger Flugverkehr. Wo zur Erntezeit Trauben gepresst werden, sind gerade alle Fässer und Container mit Plastikplanen abgedeckt. Unter dem Dach schwirrt und sirrt es. Dutzende Schwalben nisten im Gebälk des alten Gebäudes. Die flinken Segler fühlen sich offensichtlich wohl in dem urigen Ambiente zwischen Weinfässern, Arbeitsgeräten und Holzbohlen. „Ich mag sie, auch wenn sie alles vollkacken", sagt Cornelius Dönnhoff, Chef des Weinguts.

Er könnte die Schlupflöcher auf dem Dach und an der Fassade abdichten und das Tor immer geschlossen halten, um die Schwalben draußen zu halten. Aus Sicht von Cornelius Dönnhoff wäre das aber eine zwecklose und widersinnige Maßnahme. „Ich führe Buch, wann die Schwalben im Frühjahr kommen und wann sie im Herbst abfliegen", sagt er bei einem Rundgang durch das Weingut im Nahetal, „das gibt mir Aufschluss darüber, wie das Jahr wird." Ein warmer, nicht allzu feuchter Frühling, ein sonniger Herbst – das ist für die Schwalben ebenso gut wie für den Wein. Also haben auch die Zugvögel einen kleinen Anteil am Erfolg des altehrwürdigen Weinguts im engen Nahetal, das für seine feinen Rieslinge international bekannt ist.

Was im Moment wirkt wie eine Schwalbenvoliere, ist seit vielen Generationen der Ort, an dem die Trauben verarbeitet und in Maische und Saft verwandelt werden. Das wichtigste Gerät für diesen Arbeitsschritt ist eine alte Traubenpresse aus den 1950er-Jahren. „Wenn etwas gut funktioniert, muss ich es nicht unbedingt ersetzen", sagt Cornelius Dönnhoff, der einerseits traditionsbewusst, andererseits aber auch zukunftsorientiert denkt. Aber wozu eine computergesteuerte, hochmoderne Kelteranlage anschaffen, wenn die alte Presse, die schon sein Großvater benutzte, hervorragend funktioniert?

Es ist diese Verbindung zwischen lange gewachsenem Detailwissen und frischem Wind, die das Weingut Dönnhoff so interessant macht. Und Cornelius verkörpert diese Melange aus Alt und Neu perfekt. Der 41-jährige Juniorchef wurde in eine Weinbaufamilie hineingeboren, die schon seit mehr als 250 Jahren in Oberhausen im mittleren Nahetal ansässig ist. Die ersten Aufzeichnungen über die Familie Dönnhoff gab es bereits 1761. Hermann Dönnhoff (1880–1953), der Großvater von Cornelius' Vater Helmut, konzentrierte sich früh auf den Anbau von Rieslingen in Spitzenlagen. Schon in den 1920er-Jahren

verkaufte er seine besten Weine unter Lagennamen. Sein Sohn Helmut Dönnhoff sorgte mit Top-Rieslingen wie der „Hermannshöhle", der bestbewerteten Lage an der Nahe, für internationalen Erfolg.

Steile, anspruchsvolle Weinberge, das schmale Tal zwischen Niederhausen und Schlossböckelheim, das hohe Renommee des Weinguts seines Vaters – all das erschien Cornelius Dönnhoff zu groß und zu eng, als er jung war. Er musste erst einmal weg aus seinem Heimatdorf und machte ab 1999 seine Ausbildung bei Dr. Heger in Baden. „Da hat es klick gemacht", erinnert sich Cornelius, der trotz Glatze und Bart jugendlich und sportlich wirkt. Als Winzer mache ich aus Naturprodukten etwas ganz Besonderes und kann Geschmack und Qualität beeinflussen, mich mit meinen Kenntnissen verewigen." Nach der Lehre war er noch zu jung, um den elterlichen Betrieb zu übernehmen – und auch noch nicht reif dafür: „Damals wollte ich möglichst weit weg, irgendwohin, wo Tradition keine Rolle spielt."

Cornelius Dönnhoff arbeitete einige Jahre in Australien bei Jeffrey Grosset, einem der besten Riesling-Winzer außerhalb Europas. Anschließend sammelte er weitere Erfahrungen in Neuseeland. „Dort werden Probleme schnell und pragmatisch gelöst, das ist ein Riesenvorteil", sagt Cornelius, der seitdem versucht, auch im traditionellen Umfeld seiner Vorväter unkonventionelle Wege zu beschreiten. 2007 kehrte er in seine Heimat zurück, studierte Weinbautechnik in Bad Kreuznach und übernahm nach und nach die Verantwortung für das Weingut, seit 2014 leitet er es allein. Seine Erfahrungen aus Australien konnte er in den Hitzesommern der vergangenen Jahre gut anwenden.

Höllenpfad, Krötenpfuhl, Dellchen, Hermannshöhle – Dönnhoffs Weinberge, die sich auf 30 Hektar entlang der Nahe zwischen Bad Kreuznach und Schloßböckelheim erstrecken, tragen märchenhafte Namen. Auf 85 Prozent der Fläche wächst Riesling, der Rest ist Chardonnay, Weiß-, Grau- und Spätburgunder. Auf der Fahrt im alten Mercedes G-Klasse durch die Steillagen bei Oberhausen kann einem Cornelius viel über Gesteinsschichten, Hangneigung und Bewässerung erzählen, er kennt hier jeden Felsen und jeden Rebstock seit seiner Kindheit persönlich. Seine Mitarbeiter sind gerade dabei, Backpulver auf die Reben zu sprühen, das trocknet die Blätter ab und beugt Pilzkrankheiten vor. Der Weinberg wird nach dem „Fair'n

Guter Teamgeist: Im Weingut werden bei Mitarbeiter-besprechungen nicht nur Aufgaben verteilt, sondern auch Probleme offen angesprochen und gelöst.

Weingut Dönnhoff

Green"-Prinzip bewirtschaftet, einem Standard für Nachhaltigkeit im Weinbau. Das Siegel geht weit über Pflanzenschutzmittel hinaus, es beinhaltet auch die Bereiche Betriebsführung, CO_2-Fußabdruck und gesellschaftliches Engagement.

20 Arbeitskräfte beschäftigen die Dönnhoffs; Cornelius Dönnhoff ist es wichtig, dass bei Teambesprechungen nicht nur Aufgaben verteilt, sondern auch Probleme offen angesprochen werden. „Wir sind eine Familie", sagt er, „da muss alles Hand in Hand gehen." Wertschätzende Kommunikation und Einfühlungsvermögen sind ihm genauso wichtig wie Fachkenntnisse über die Wasserspeicherkapazität von Tonschiefer und den Zuckergehalt von Trauben. Das Betriebsklima hat einen nicht zu unterschätzenden Einfluss auf den Wein.

Im oberen Bereich der Hermannshöhle stoppt Cornelius Dönnhoff seinen Geländewagen, steigt aus und zeigt auf das Herzstück der Lage. Unten fließt ruhig die Nahe, zwischen den Rebstöcken summen Hummeln, es riecht nach Heu und Kräutern. Bis zu 70 Prozent beträgt das Gefälle an den steilsten Stellen, der Boden muss mit Raupenfahrzeugen bearbeitet werden. Damit er nicht weggeschwemmt wird, wird Stroh zwischen die Reihen gestreut, und wo es nicht ganz so steil ist, wachsen Gras und Kräuter. Etwa 1000 Arbeitsstunden pro Hektar braucht man in so einer extremen Lage. Die Mühe lohnt sich: Aus den wenigen Trauben, die hier reifen, werden sehr feine, trockene Weine mit dezenter Restsüße.

Wie komplex und individuell Weine aus solch besonderen Lagen sein können, sofern man sie richtig behandelt, hat Cornelius Dönnhoff erst als Erwachsener verstanden. „Als Kind war mir immer klar, dass wir halt Wein machen, das hat man nicht hinterfragt", erzählt er. Zurück im Weingut schenkt er einige seiner Weine zum Verkosten ein und spürt dem Geschmack eines Krötenpfuhl-Rieslings auf der Zunge nach. Der Wein war in der Familie immer das Wichtigste, für Cornelius und seine ältere Schwester war das früher nicht immer nur schön. Wenn seine Freunde im Schwimmbad waren, musste er im Weinberg helfen, und Geburtstage wurden auch der Arbeit untergeordnet. „Die Reben wissen ja nicht, wann ich Geburtstag habe", sagt Cornelius Dönnhoff. Leider ist seiner ausgerechnet Ende September, zur Erntezeit. Als Schüler dachte er, der Beruf sei nichts für ihn – „zu anstrengend, zu unsicher, zu stark abhängig von der Natur".

Mittlerweile kann sich Cornelius Dönnhoff keinen besseren Beruf vorstellen – eine selbständige, halb künstlerische, halb landwirtschaftliche Tätigkeit, bei der er viel draußen ist und mit Menschen zu tun hat. Seine Frau Anne kümmert sich um die Vermarktung, seine Schwester arbeitet ebenfalls im Betrieb. Mit seinem Vater versteht er sich gut, die beiden haben einen ähnlichen Geschmack: „Wir mögen beide elegante, finessenreiche Weine, die keinen lauten, sondern einen fast nachdenklichen Charakter haben." Die Fachwelt feiert Dönnhoff für seine Großen Gewächse, er bekommt zuhauf Auszeichnungen und Einladungen zu Präsentationen. Das freut ihn, doch eigentlich würde er lieber im Hintergrund bleiben: „Ich möchte eigentlich gar nicht wahrgenommen werden."

Cornelius Dönnhoff ist ein Purist und ein Praktiker, aber kein Entertainer, der gerne im Rampenlicht steht. „Das würde den Wein auch nicht besser machen", sagt er. Um den Kopf freizubekommen, fährt er gerne Mountainbike oder beschäftigt sich mit seinen Kindern, dem fünfjährigen Laurenz und seiner Tochter Lisa, die im Frühjahr 2021 geboren wurde. Im Urlaub verzichtet er gerne auch mal komplett auf Wein und trinkt lieber Wasser oder Orangensaft – Wein ist immer auch Arbeit für ihn, auch wenn er ihn in der Freizeit trinkt. Und eines steht für ihn fest: „Die Geburtstage meiner Kinder sind heilig, egal, was im Weinberg los ist."

„Wir sind eine Familie", sagt Cornelius Dönnhoff, „da muss alles Hand in Hand gehen." Wertschätzende Kommunikation und Einfühlungsvermögen sind ihm genauso wichtig wie Fachkenntnisse.

Weingut Dönnhoff

**2019 OBERHÄUSER BRÜCKE RIESLING
SPÄTLESE**
Heller Riesling-Typ mit Aromen von Apfel, Pfirsich, getrockneter Aprikose, Kirsche und hellen Blüten, salzige Mineralität und gute Säurespannung. In zehn Jahren nochmal probieren.

**2019 NIEDERHÄUSER HERMANNSHÖHLE
RIESLING AUSLESE**
Die Nase fasziniert mit Noten von Rauchmandeln und zarter floraler Duftigkeit. Am Gaumen dann feine Eleganz, dunkle Süße mit finessenreicher Säure. Bezaubernd.

2019 RIESLING TONSCHIEFER
Dezent und elegant mit leichter Rauchigkeit, mineralisch und exotisch mit Aromen von Ananas und Mango, sehr fein und filigran, am Gaumen fest.

Ricardo R. Rodrigues

Head Sommelier im VILA VITA Parc, Ocean Restaurant, Porches, Portugal

Die fantastisch gelegenen Weinberge der Familie Dönnhoff in Oberhausen an der Nahe, gepaart mit der Leidenschaft und dem Weitblick von Cornelius Dönnhoff, haben die hier gekelterten Weine zu Weltruf geführt. Dank der speziellen Bodenzusammensetzung und einem spezifischen Mikroklima entstehen Rieslinge reich an Präzision, Reinheit, Komplexität, Raffinesse und mit unglaublichem Alterungspotenzial, die perfekt zu gegrilltem Fisch und Garnelen, Austern, Sushi und hawaiianischen Poke Bowls passen.

Kabinett & Spätlesen

VOM RIESLING

Kabinettweine, die Stars der 70er-Jahre, waren schon ein wenig aus der Mode gekommen, ehe sie vor zwei, drei Jahren ein fulminantes Comeback bei Sommeliers und Weinliebhabern feierten. Das Leichtgewicht in der sechsstufigen deutschen Prädikatsweine-Skala ist als leichtfüßiger Aperitif sowie auch als alkoholarmer Speisenbegleiter wieder en vogue – was die aus vollreifen Trauben gewonnenen Spätlesen seit eh und je waren. Das freut vor allem die Mosel-Winzer, die – wie auch unsere Top-Ten-Liste hier zeigt – Großmeister darin sind, mit Kabinettweinen und Spätlesen die zartesten Versuchungen zu zaubern, seit es Riesling gibt.

WEINGUT

BLEES FERBER

2020
RIESLING FEINHERB
PIESPORTER GÄRTCHEN
- LAGE IM ALLEINBESITZ
SPÄTLESE

WWW.BLEES-FERBER.DE

CLÜSSERATH EIFEL

WEINGUT SEIT 1745 – EWIGER WEINBAU AN DER MOSEL

TRITTENHEIMER APOTHEKE

ALTE REBEN KABINETT

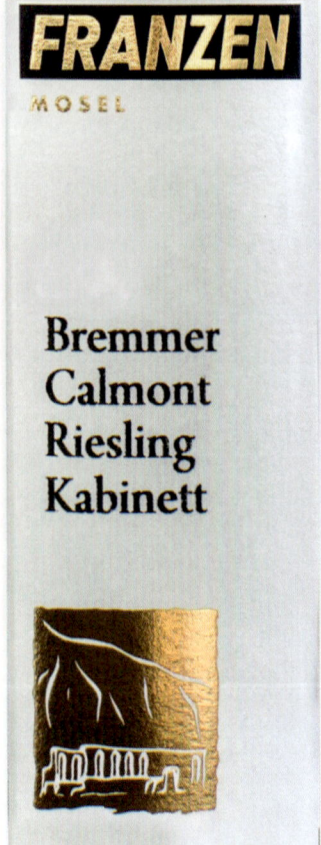

FRANZEN

MOSEL

Bremmer
Calmont
Riesling
Kabinett

MAXIMIN GRÜNHAUS RIESLING

2018 HERRENBERG KABINETT

2020 PIESPORTER GÄRTCHEN SPÄTLESE FEINHERB
Weingut Blees-Ferber, Mosel

DER WEIN   Manchmal ist eine Spitzenlage wirklich Gold wert: Das Piesporter Gärtchen, Herzstück der Lage Piesporter Goldtröpfchen, hatte auch im trockenen Jahr 2020 genug Wasser – und die Trauben damit genug Säure, um diese Spätlese zu einem außergewöhnlichen Wein werden zu lassen. Herrlich stoffig mit feinstem Süße-Säure-Spiel und ungemein kraftvollem Druck.

DAS GUT   Stefan Blees, der das Weingut in Leiwen nun in dritter Generation führt, betreibt sein Handwerk mit ungeheurer Akribie. Er ist ein Perfektionist in den Weinbergen, in denen selbstverständlich alles von Hand geerntet wird. Seine Weine zeichnen sich durch hohen Trinkfluss aus, denn auch da fährt er eine klare Linie: Sie müssen ihm selbst so schmecken, dass er Lust auf eine zweite Flasche hat.

www.blees-ferber.de

2019 TRITTENHEIMER APOTHEKE KABINETT FEINHERB ALTE REBEN
Weingut Clüsserath Eifel, Mosel

DER WEIN   Durch die Südwestlage sind die Reben in der Trittenheimer Apotheke tagsüber sehr sonnenverwöhnt, in der Nacht wird es durch die Höhe hingegen recht kühl – ideal für ausdrucksstarke Rieslinge wie diesen, der im traditionellen Mosel-Fuder ausgebaut wurde. Er präsentiert sich mit verspielten Fruchtaromen und einer besonders feinen Säure.

DAS GUT   Von 1745 bis 2019 war das Gut im Besitz der Weinbaufamilien Clüsserath und Eifel, ehe Gerhard Eifel dieses kleine, exklusive Juwel an Stefan Lergenmüller von Schloss Reinhartshausen im Rheingau übergab. Auf 4,5 Hektar wurzeln teilweise über 100 Jahre alte Rebstöcke in den Filetstücken der besten Steillagen von Trittenheim, Neumagen, Klüsserath und Leiwen.

www.cluesserath-eifel.de

2019 CALMONT KABINETT
Kilian Franzen, Mosel

DER WEIN   Sein Erzeuger nennt ihn fast zärtlich „das leichte Moselkabinettchen", den Wein, der einen lächeln lässt. Mit feinfruchtiger Restsüße, verspielter Säure und nur 8,5 Prozent Alkohol ist er ein wunderbarer Begleiter zu natürlich süßen Desserts auf Basis von Wald- und Gartenbeeren. Aber – und das macht ihn fast noch sympathischer – man kann die Nachspeise auch weglassen und sich nur am Wein delektieren.

DAS GUT   Schon mit Anfang 20 übernahm Kilian Franzen das Weingut mit seiner Frau Angelina. Mit Leidenschaft und der Lust am Abenteuer, dem Bremmer Calmont als steilstem Weinberg Europas große Weine abzugewinnen, wurde diese Aufgabe aber bald zum erfüllenden Lebensinhalt.

www.weingut-franzen.de

2019 HERRENBERG KABINETT
Maximin Grünhaus – Weingut der Familie von Schubert, Ruwer

DER WEIN   Die Weine der Lage Herrenberg besitzen eine außerordentliche Entwicklungsfähigkeit und können über Jahrzehnte reifen. Dieser Kabinettwein beschert aber schon in jungen Jahren großes Trinkvergnügen, wirkt trotz ausgeprägter Frucht feingliedrig und elegant und weist eine optimale Balance zwischen Restzucker und Säure auf.

DAS GUT   Maximin von Schubert leitet das Weingut, das an einem Steilhang auf der linken Seite der Ruwer liegt, in bereits sechster Generation. Ziel ist es, unverkennbare Herkunftsweine zu produzieren, was auch dadurch erleichtert wird, dass Abtsberg, Herrenberg und Bruderberg Monopollagen dieses Mosel-Weinguts sind.

www.maximingruenhaus.de

Kabinett & Spätlesen vom Riesling

Von Hövel

SCHARZHOFBERGER

RIESLING KABINETT

LOERSCH®

1640

2019

Fels-Terrassen

Trittenheimer Apotheke

Ǒ

VON OTHEGRAVEN

KANZEM AN DER SAAR

Herrenberger

- MONOPOLLAGE -

RIESLING KABINETT

2019

Schloss Saarstein

2020 Schloss Saarstein
Riesling Kabinett feinherb

VDP.ORTSWEIN

2019 SCHARZHOFBERGER KABINETT FEINHERB
Weingut von Hövel, Saar

DER WEIN Der Scharzhofberg in Wiltingen ist die wahrscheinlich bekannteste Riesling-Lage der Welt, und dort besitzt auch von Hövel 2,85 Hektar. Die Wärmespeicherung des Schieferbodens und die kühlen Winde des Hunsrück sorgen hier für einzigartige Nuancen bei Rieslingen. So besticht auch dieser Wein mit feinen Safran-Noten und sanfter Salzigkeit im Finale.

DAS GUT Winzer Maximilian von Kunow führt das 21,5 Hektar große Weingut in Konz-Oberemmel mit anspruchsvollen Steil- und Steilstlagen in siebenter Generation. Er hat sich der nachhaltigen Bewirtschaftung nach den Richtlinien von „Fair'n Green" verschrieben. 87 Prozent der Rebfläche sind mit Riesling-Reben bepflanzt, im Keller wird mit klassischen Fuderfässern gearbeitet.

www.weingut-vonhoevel.de

2019 TRITTENHEIMER APOTHEKE „FELS-TERRASSEN" SPÄTLESE FEINHERB
Weingut Loersch, Mosel

DER WEIN Auf den steilsten Schieferterrassen der Trittenheimer Apotheke stehen die über 80 Jahre alten Reben, denen dieser Wein mit seinem feinen Schieferspiel und dem enormen Reifepotenzial entspringt. Mit duftiger Herbheit deutet er schon in der Nase seine Komplexität an, im Mund zeigt er sich ausgewogen, elegant und sehr balanciert.

DAS GUT Alexander Loersch, der mit der Übernahme des Betriebs von seinem Vater Ernst Albrecht eine schon fast 400 Jahre alte Familientradition im Weinbau fortsetzt, hat eine ganz klare Philosophie: Jeder Wein ist einzigartig, und auf diesen individuellen Charakter legt Alexander Loersch allergrößten Wert. Schonende Traubenverarbeitung und Spontanvergärung mit natürlichen Hefen sind für ihn selbstverständlich.

www.weingut-loersch.de

2019 WAWERNER HERRENBERGER KABINETT
Weingut von Othegraven, Saar

DER WEIN Der Wawerner Herrenberger ist eine der traditionsreichsten Weinbergslagen der Saar in optimaler Südexposition und bringt kraftvolle, komplexe Weine hervor. Der Kabinett präsentiert sich mit diskret-elegantem Duft, weist gelbfruchtige Aromen und Nuancen von Kräutern und Blüten auf. Am Gaumen zeigt er zurückhaltende Süße und präsente Säure.

DAS GUT Die Geschichte dieses traditionsreichen Weinguts reicht bis ins 16. Jahrhundert zurück. 2010 wurde es von Günter Jauch, einem Enkel von Elsa von Othegraven, und seiner Frau Thea übernommen. Gutshaus, Park und die Lage Kanzemer Altenberg, die dieselbe Neigung aufweist wie das Matterhorn, sind als Ensemble denkmalgeschützt.

www.von-othegraven.de

2020 SCHLOSS SAARSTEIN KABINETT FEINHERB
Schloss Saarstein, Saar

DER WEIN So wie dieser Kabinettwein über den Gaumen schwebt, kann man sich gar nicht mehr vorstellen, wie viel harte Handarbeit im steilen Weinberg nötig war, um ihn überhaupt zu ermöglichen. Er duftet schon mit betörender Aromatik aus dem Glas, präsentiert dann im Mund einen ganz zarten, fast filigranen Charakter und zeigt: Auch für einen Wein gibt es die Leichtigkeit des Seins.

DAS GUT Für seinen jetzigen Besitzer Christian Ebert ist das historische Schloss Saarstein, wo schon Anfang des 20. Jahrhunderts hochwertige Rieslinge produziert wurden, ein belebtes und erlebbares Denkmal, aber kein Museum. Ein besonderes Erlebnis für Besucher ist die Terrasse hoch über dem Fluss und den Rebzeilen, die auch gerne für Veranstaltungen gebucht wird.

www.saarstein.de

Kabinett & Spätlesen vom Riesling

2019 NIERSTEINER ROTER HANG KABINETT FEINHERB
Weingut Schätzel, Rheinhessen

DER WEIN In Form des Kabinetts vom Roten Hang entfaltet der Riesling hier seine ganze Klasse, tanzt verspielt zwischen Fruchtigkeit und Leichtigkeit. Und auch wenn er in seiner Pikanz ein wenig an Saar-Weine erinnert, lässt er nie seine Herkunft vergessen. Denn die Wärme der spezifischen Lage spielt dieser Wein mit feinem Schmelz und fruchtigem Kern perfekt aus.

DAS GUT Ja, es gibt auch ein bisschen Silvaner und noch andere Sorten, aber auf diesem Weingut, auf dem Kai Schätzel und seine Kellermeisterin Madeline Stößel die Richtung vorgeben, hat auf den Rebflächen überwiegend der Riesling das Sagen. Dieser überzeugt in der Flasche mit Tiefe und innerer Spannung, ohne je aufdringlich zu sein. Und das ist ganz klar Marke Schätzel.

www.schaetzel.de

2019 SERRIGER WÜRTZBERG „GOLDSTÜCK" KABINETT FEINHERB
Weingut Würtzberg, Saar

DER WEIN Die „Goldstück"-Trauben kommen aus einer erhöhten Parzelle der Lage Serriger Würtzberg und können aufgrund der dort herrschenden tieferen Temperaturen etwas später gelesen werden. Dem Kabinettwein tut das gut: Er präsentiert sich mit gehaltvoller Struktur, exotischen Fruchtaromen in der Nase und kräftiger Würze im Mund.

DAS GUT Erst 2016 übernahmen die Geschwister Felix und Annalena Heimes dieses traditionsreiche Weingut und gaben ihm auch gleich den Namen zurück, den es schon im 18. Jahrhundert getragen hat. Der in Geisenheim ausgebildete Önologe Felix ist in den Weinbergen und im Keller zugange, während sich seine ältere Schwester um Marketing und Vertrieb kümmert.

www.weingut-wuertzberg.de

Zeitlose Schönheit

Ein feiner, zarter Wind weht durch die Welt; er weht von Saar, Ruwer, Mosel und dem Rhein herbei, weht feinherb und zartsüß.

Mild und sacht bringt er den verheißungsvollen Duft von Riesling mit. Betörend umspielt er unsere Sinne, mit jedem Hauch umgarnt er uns mehr und schenkt uns doch federleichten Genuss. Die Schönheit der Zeitlosigkeit hält uns umfangen, kein größerer Luxus ist vorstellbar.

Weine dieser Art werden universell verstanden und geliebt. Sie sind geformt aus edelstem Rebgut und mit höchstem handwerklichem Können. Sie tanzen leichtfüßig im Glas, sind in der Jugend spritzig und erlangen mit Flaschenreife zeitlose Grandezza.

Die Qualität der Süße dieser Weine trägt zur Bestimmung ihrer Größe bei. Je homogener die vorhandene Fruchtsüße in die Komplexität eingebunden ist, umso prachtvoller wird sich der Wein in der Reife präsentieren.

Die im 18. Jahrhundert definierte späte Lese brachte zu allen Zeiten Moste ins Fass, die sich in der Findung ihrer Persönlichkeit darauf verlassen konnten, dass Extrakt, frische Säure und der Rest unvergorenen Zuckers aus ihnen elfenhafte Wesen machen würden. Feinherbe oder restsüße Kabinettweine und Spätlesen ziehen ihre Strahlkraft hieraus.

Aber woher kommt der Name Kabinett? Im Mittelalter, um das Jahr 1500, wurde im Kloster Eberbach die ehemalige Fraternei zum Weinkeller umfunktioniert und diente fortan als Schatzkammer für besonders wertvolle Weine. Diese Schatzkammer wurde als Cabinet bezeichnet. Und von diesem Cabinet leitet sich die heute im Weingesetz verankerte Prädikatsbezeichnung Kabinett ab.

Kabinettweine kann man zu allem und jederzeit trinken: am Vormittag, am Nachmittag, am Abend sowieso, zum Apéro, zu Schnitzel, zu Fisch, zu Braten, zum Dessert und zu Käse. Sie sind Allrounder schlechthin.

Ohne den Einfluss der Natur jedoch könnten diese Meisterwerke nicht entstehen. Immer noch sind es die kühlen Nächte und die frischen Winde, die aus den Mittelgebirgen in die Weinberge herabwehen und dafür sorgen, dass die Riesling-Trauben in der Nacht entspannen können, um ein gutes Maß an Säure zu behalten. Gleichermaßen sorgt die kühle Brise für ein langsames Wachstum, das physiologische Reife erbringt, und dafür, dass die Oechslegrade nicht in den Himmel schießen.

Spektakulär und atemberaubend, wie virtuos unsere Protagonisten den fruchtigen Riesling interpretieren. Der alte Traum von immerwährender Freude beginnt in der Sekunde der schluckweisen Annäherung. Wird ein Wein zu einem Zeitpunkt getrunken, wo er den Eindruck vermittelt, auf lange Zeit an seinem Höhepunkt zu sein, dann ist er zeitlos. Sein Alter spielt dabei keine Rolle. Weine für die Ewigkeit also, genau das sind diese Riesling-Kabinett und -Spätlesen.

Astrid Löwenberg, seit Jahren dem Wein verbunden im Saarburger Rausch geboren und aufgewachsen, ist Ziehmutter vieler Sommeliers mit weit geöffneten Armen, Herz, Leib und Seele.

GOLD IN FLASCHEN

Von der ehemaligen Kaiserstadt Trier sind es nur noch knapp zehn Kilometer in den kleinen, aber feinen Weinbauort Wiltingen an der Saar, wo ein Mann derart erlesene Weine produziert, dass er in den Medien immer wieder ehrfurchtsvoll zum „Kaiser des deutschen Weinbaus" geadelt wird. Egon Müller IV., die Reben-Majestät vom Scharzhofberg.

WEINGUT EGON MÜLLER

INHABER	Egon Müller IV.
GRÜNDUNG	1797
REBFLÄCHE	16,5 Hektar
PRODUKTION	70.000 Flaschen
LAGEN	Oberemmeler Rosenberg, Saarburger Rausch, Scharzhofberg, Wiltinger, Wiltinger Braune Kupp
REBSORTEN	Riesling

Am Sitz seines Weinguts Scharzhof, eines historischen Anwesens, das seit 1797 im Besitz der Familie ist, öffnet dann aber kein Majordomus die Pforten, sondern Egon Müller steht persönlich in der Tür. Hemdsärmelig, als käme er direkt aus dem Weinberg, mit freundlich blitzenden Augen, vermittelt seine gesamte Erscheinung, dass es hier nicht um eine Audienz geht, sondern um ein einfaches Gespräch über den Wein und das Leben.

Bevor dieses aber beginnt, macht es zunächst einmal leise plopp. 1971 steht auf der nicht etikettierten Flasche, und Egon Müller erzählt, dass dies für seinen Vater, Egon III., der perfekte Jahrgang gewesen sei: „Da stimmte einfach alles." 1971! Ein (Weiß-)Wein, der in die Flasche kam, als in der Schweiz das Frauenwahlrecht beschlossen wurde, Erich Honecker in der DDR an die Macht kam und in den USA die erste E-Mail der Welt verschickt wurde.

Diese, ja, durchaus majestätische Geste, einen 50 Jahre alten Wein zu kredenzen und ihn kommentarlos Geschmacksbilder am Gaumen des Besuchers zaubern zu lassen, ist bezeichnend für Egon Müller. Der 62-Jährige ist keiner, der sich selbst allzu gern reden hört. Er lässt lieber die Früchte seiner Arbeit für sich sprechen und genießt deren Wirkung auf den Gast mit zufriedenem Lächeln. Sofern dieser das Gebotene zu schätzen weiß.

Wobei es unmöglich ist, in so einem Moment nicht zu erkennen, dass da etwas ganz Besonderes die Geschmacksknospen umschmeichelt, dass mit diesem Gaumenkitzel eindringlicher als mit Worten die besondere Lagerfähigkeit der Müller-Weine demonstriert wird. Und man sollte so ein Erlebnis flugs im Schatzkästchen der Erinnerungen verwahren, denn allzu oft wird man nicht in den Genuss eines derart exquisiten Egon-Müller-Weins vom Scharzhofberg kommen. Bei der Auktion „Großer Ring" in Trier wechselte 2015 eine Flasche Riesling Trockenbeerenauslese Jahrgang 2003 für knapp 15.000 Euro den Besitzer. Das war Weltrekord bei Weißweinen.

Wenn Müller dann sagt, dass er „noch nie etwas des Geldes wegen gemacht" hat, wird man angesichts solcher Summen stutzig und schaut so ungläubig, dass Egon IV. sofort die Gebrauchsanleitung für diese Aussage nachliefert: „Man muss so ehrlich sein zu sagen, dass Geld das ist, woran die Qualität gemessen wird. Sie können Auszeichnungen in Serie bekommen, aber wenn Ihnen das nicht hilft, Ihre Preise zu heben, bleiben Sie dort stehen,

wo Sie sind. Der Preis bestimmt den Wert eines Weins, nicht umgekehrt."

Um diesen Ansatz in seiner radikalen Kompromisslosigkeit richtig deuten zu können, muss man sich auf eine Zeitreise rund um das Jahr 1900 begeben, als die Saar-Weine und damit auch Urgroßvater Egon I. ihre große Zeit hatten. In der umfangreichen Weinkartensammlung aus dieser Epoche, die Müllers Winzer-Nachbar Roman Niewodniczanski vom Weingut Van Volxem daheim hat, ist das dokumentiert: „Da sieht man auf einer Karte des Ritz in New York aus 1900, dass der 1893er-Scharzhofberger von Van Volxem teurer war als ein Château Margaux", sagt Müller und ergänzt: „Hier in der ganzen Ecke wurden damals die teuersten Weine der Welt gemacht. Ich habe das als Kind noch mit eingesogen, das war Teil meiner Muttermilch, meines Selbstverständnisses. Und es hat mich immer fürchterlich geärgert, dass wir heute nicht mehr auf dem Niveau sind, wo wir hergekommen sind. Das war ein Leben lang mein Antrieb. Mir ging es darum, Weine zu machen, die es mir ermöglichen, wieder dorthin zu kommen, wo wir einmal gestanden haben – und unserem Selbstverständnis nach heute noch stehen."

Diese große Zeit der Saar-Weine, in der Müllers Urgroßvater mit dem Verkauf eines einzigen Fasses die Kosten eines ganzen Jahres decken konnte, scheint in Egon Müllers DNA verankert zu sein. Längst vergoldet auch er seine Weine, und Investoren aus der ganzen Welt lagern sich einen Müller als Wertanlage im Weinkeller ein. Trotzdem nimmt man ihm ab, dass es ihm vorrangig um den Stellenwert der besonderen Tropfen dieser Region und speziell jener vom Scharzhofberg geht. Wenn er dabei Primus inter Pares der insgesamt acht Besitzer dieses außergewöhnlichen Weinbergs bleibt, ist ihm das aber auch recht. Und dann sollen sie ihn ruhig „Kaiser" nennen, das kratzt ihn nicht, weil er sich ohnehin als etwas ganz anderes fühlt.

Denn der Wein, so Egon Müllers Credo, macht sich mit gewissenhafter Arbeit des Weinbauern im Weinberg fast von selbst. Und wenn man ihn fragt, wie viel von seiner Persönlichkeit und Philosophie in seinen Weinen steckt, fällt ihm die Antwort leicht: „Gar nix. Ich bin die sechste Generation, die hier am Werk ist – und alle machten Weine, die an der Spitze von dem waren, was in diesem Gebiet gemacht wurde. Also ehrlich: Dass aus einer Familie in Serie sechs übermäßig fähige Leute gekommen sein sollen, das ist ja nicht so wahrscheinlich", sagt Müller.

Der Scharzhof ist seit dem 18. Jahrhundert im Familienbesitz. Der Ursprung dieses historisch bedeutenden Weinguts geht sogar bis ins Jahr 700 zurück.

Weingut Egon Müller

Im Gärkeller des Scharzhofs entwickeln sich die Lagenweine von Egon Müller in Holzfässern. Der Inhalt dieser „Fuder" zählt weltweit zum Allerbesten.

Weingut Egon Müller

Für ihn macht der Berg die Qualität aus, dieser Scharzhofberg mit seinem Schieferboden, seiner ruhmreichen Historie und der inzwischen wieder weltweit wirksamen Strahlkraft. Jetzt ist in unserem Gespräch auch der Punkt gekommen, an dem Egon Müller mit dieser ganzen Kaiser-Aura aufräumt, denn nun geht er bei sich selbst an die Substanz: „Wichtig ist allein, dass der Weinberg vor allem anderen kommt und dass man ihm vertraut. Man darf nicht sagen, da muss ich noch etwas machen, damit es besser schmeckt, sondern die Dinge so lassen, wie sie sind. Ich will kein Winemaker, sondern ein Bauer sein.“

Ein Bauer im ewigen Wechselspiel mit der Natur, die ihm, wie er sagt, guter Freund oder erbitterter Gegner sein kann: „Das Wetter bestimmt, was ich mache, und wenn es gut läuft, dann erledigt die Natur die ganze Arbeit für mich. Aber es kommt ebenso vor, dass ich ihr meine Weine regelrecht abkämpfen muss. Deshalb ist für mich der wichtigste Parameter für Erfolg, wenn ich im Weinberg im richtigen Moment das Richtige gemacht habe.“

Er ist ein interessanter Gesprächspartner, dieser Egon Müller. Einer, der über seine Weine voller Hingabe und Leidenschaft spricht, über Geld und Wohlstand mit knappem, kühlem Pragmatismus – und der grüblerisch bei seiner eigenen, sehr persönlichen Geschichte wird. Denn die hat er sich nur teilweise selbst ausgesucht, zu einem großen Teil wurde sie ihm schon am Taufbecken mit Wasser auf die Stirn geschrieben. Als Erstgeborener, der als Vierter in Folge den Namen Egon erhielt, wurde er fortan quasi mit dem Auftrag gestillt, die große Tradition weiterzuführen.

Und er hat ihn mit Bravour erfüllt. Ob er sich seinen Weg auch ohne diesen Auftrag genau so ausgesucht hätte, weiß Egon Müller auch mit 62 Jahren noch nicht so genau. Da spürt man ihn mit einem Mal mehr denken, als man ihn reden hört, und etliche seiner Sätze enden dann mit diesen unausgesprochenen drei Punkten, bei denen man sich den Rest selbst zusammenreimen muss.

Einerseits ist da berechtigter Stolz auf den eigenen Beitrag zur großen Tradition, ein zufriedener Blick auf ein imposantes Lebenswerk. Aber andererseits sind da auch Gedanken wie dieser: „Ich habe meinen Sohn aufwachsen gesehen und dabei oft daran gedacht, wie es mir ergangen ist. Ich glaube, in dieser Rolle als Kronprinz zu sein, übt schon einen gewissen Druck aus – auch wenn es ein ungewollter und wohl auch unbewusster ist. Und ich finde, es ist für einen jungen Menschen ein Wahnsinn, sich mit 18 Jahren oder früher für die Art seines Lebens entscheiden zu müssen. Wie will man das machen? Was weiß man denn? Welche Berufe kennt man überhaupt?“

Er selbst kam erst nach Jahren in einem Gespräch drauf, dass einer seiner beiden Brüder das Weingut auch gerne übernommen hätte: „Aber der dachte, das kriegt ohnehin der Egon, da will man auch gar nicht in Konkurrenz treten und entscheidet für sich: Ich mache alles, nur das nicht.“ Was wäre aber passiert, wenn Egon Müller verweigert und somit auch die Namenserbfolge unterbrochen hätte?

„Gar nichts“, schmunzelt er, „meine beiden Brüder heißen mit zweitem Namen auch Egon. Da hat sich der Vater schon abgesichert.“ Er sich übrigens auch. Denn die Frage, wie sei 21-jähriger Sohn heißt, muss man echt nicht stellen.

Der Riesling-Kaiser, der sich selbst in erster Linie als Bauer sieht, denn für Egon Müller ist die gewissenhafte Arbeit im Weinberg das Entscheidende.

Weingut Egon Müller

Großartige Weine brauchen keine ausladende Aromatik, um zu strahlen. Die umwerfenden Rieslinge des Scharzhofs sind die besten Beispiele dafür. Sie repräsentieren alles, was die Königin der Reben zeigen kann, und sind doch diskret.

Die Anmutung des Mythischen eilt den Weinen des Scharzhofs von Egon Müller voraus, nichtsdestotrotz ist die Jugendlichkeit und die Kostbarkeit der Gewächse in all ihren Lebensphasen besonders.

Ein Flügelschlag an Duftigkeit, ein Spritzer Säure, ein Hauch von Aprikose, weißem Pfirsich und Limone. Moderat entwickeln sich die Grands, das Reifepotenzial profitiert von einer Prise Oxidation und verhilft den zeitlosen Schönheiten zu prachtvoller Entwicklung.

Wenn das Haus entscheidet, Prädikatsweine der höchsten Güteklasse zu produzieren, dann, weil die Natur die Voraussetzung dafür bietet und der Hausherr den Weinberg mit dem entsprechenden Fingerspitzengefühl schon lange darauf vorbereitet hat.

Fein, hinreißend elegant, mit einem Nachhall wie das sanfte Grollen eines sich entfernenden Sommergewitters, so zeigen sich auch die obersten Güteklassen der Prädikatsweine, wie Beerenauslesen und Trockenbeerenauslesen, die ihre konzentrierten Aromen nicht verstecken, sondern fein in kraftvolle Schönheit integrieren.

Wunderbar vornehm präsentieren sich gerade die Jahrgänge der letzten Dekade.

VERKOSTUNGSNOTIZEN

2019 QBA
Frisch und zugänglich, himmlisch fein, runde, geschmeidige Frucht, kaum Babyspeck; Länge und Substanz geprägt von der kraftvollen Schönheit des Jahrgangs.

2016 SPÄTLESE
Weiche, konzentrierte Aromen, spritzig, Mineralität weit entfernt von grober Salzigkeit. Wieder zeigt Egon Müller, dass das reine Mostgewicht kein Anhaltspunkt für Schwere ist. Diese Spätlese schwebt libellengleich und erscheint ebenso luftig wie durchdringend.

2010 KABINETT
Kraftvoll und federleicht – die Frische bei gleichzeitiger Opulenz ist überwältigend. Eine Brise Oxidation schenkt dem Wein Präsenz, Jugendlichkeit und Spannung, schafft prachtvolle Schönheit und Zeitlosigkeit.

Josep Roca

Sommelier im El Celler de Can Roca, Barcelona

Für mich und meine Brüder Joan und Jordi ist es ein Privileg, die Weine von Egon Müller IV., den wir seit mehr als 20 Jahren kennen, in unserem Sortiment zu haben. Egon ist eine herausragende Persönlichkeit, und seine Weine sind legendär. Mit dem richtigen Mix aus Fantasie und Verrücktheit entsteht Jahr für Jahr ein Haute-Couture-Werk aus dem Besten, das der Scharzhofberg zu bieten hat. Die Weine von Egon Müller sind vielseitig, elegant, wie Seide am Gaumen und vertragen Zeit, wie es nur wenige tun.

Weingut Egon Müller

Auslesen & Beeren-auslesen

VOM RIESLING

Auslese bezeichnet in der Weinkunde einerseits die dritthöchste Stufe der Prädikatsweine und gibt andererseits Aufschluss über Reifegrad und Zuckergehalt der Trauben. Auslesen haben ein Mostgewicht zwischen 95 und 125 Grad Oechsle und können von trocken bis edelsüß ausgebaut werden. Beerenauslesen liegen zwischen 125 und 150 Grad Oechsle und werden aus vorwiegend überreifen Trauben gewonnen. Sieben der zehn hier vorgestellten Weine gehören in die Kategorie edelsüß mit relativ geringem Alkoholgehalt. Traditionell kommen großartige Auslesen von der Mittelmosel und der Saar, aber auch andere Regionen legen kräftig zu.

ANSGAR CLÜSSERATH

MOSEL

2019
TRITTENHEIMER APOTHEKE
RIESLING AUSLESE

WEINGUT
GÖTTELMANN

NAHE

2019

RHEINBERG

Riesling Auslese

FRITZ HAAG

2019
Brauneberger Juffer Sonnenuhr
Riesling Auslese

Fürst von Metternich

RHEINGAU

Schloss Johannisberger
2019er Riesling Auslese
ROSALACK

2019 TRITTENHEIMER APOTHEKE AUSLESE
Ansgar Clüsserath, Mosel

DER WEIN Üppig und verführerisch in der Nase, perfekte Säurestruktur und kräftige Mineralität im Mund. Aus der steilen Toplage Apotheke kommt hier eine nicht minder „steile" Auslese, die fulminant unterstreicht, dass 2019 an der Mosel ein besonderer Jahrgang auch für Süßweine war. Hier paart sich feine Harmonie mit energischer Lebhaftigkeit.

DAS GUT Die Geschichte dieses Weinguts reicht bis ins Jahr 1670 zurück, und etliche der Riesling-Reben, mit denen die Lagen rund um Trittenheim bestockt sind, sind bis zu 100 Jahre alt. Eva Clüsserath, der ihre Eltern Ansgar und Elsbeth nach wie vor mit Rat und Tat zur Seite stehen, gilt im Weinbau als Meisterin der feinen Töne, sind ihre Weine doch nie aufdringlich oder überladen.

www.ansgarcluesserath.de

2019 RHEINBERG AUSLESE
Weingut Göttelmann, Nahe

DER WEIN Die Weinhänge ziehen sich wie ein grüner Kragen um das Städtchen Münster-Sarmsheim im Nahebecken. Und aus diesen Reben strecken immer wieder großartige Weine ihr Köpfchen hervor – wie etwa die Auslese vom Rheinberg. Die kommt mit Anklängen von Zitrus und Minze relativ kühl daher und beeindruckt am Gaumen mit ihrer straffen Säurestruktur.

DAS GUT Seit vier Generationen in Familienbesitz, verfügt das von Ruth Göttelmann-Blessing und ihrem Mann Götz Blessing geleitete Weingut über erstklassige Parzellen, in denen überwiegend Riesling wächst. Ausgebaut werden die Weine auf unterschiedliche Art: von „unplugged" mit Spontangärung im Holzfass bis zum Einsatz von Reinzuchthefen in Edelstahltanks.

www.goettelmann-wein.de

2019 BRAUNEBERGER JUFFER SONNENUHR AUSLESE
Fritz Haag – Dusemonder Hof, Mosel

DER WEIN Hier treffen fruchtige Intensität in großer Aromenvielfalt und elegante Feinheit in einer Weise aufeinander, die der Perfektion schon sehr nahe kommt. In allen Komponenten wunderbar ausbalanciert, bringt dieser Süßwein mit saftigem Körper, verspielter Exotik und floralem Bouquet alles mit, was es zum unvergesslichen Trinkgenuss braucht.

DAS GUT Seit 2005 leiten Oliver Haag und seine Frau Jessica die Geschicke dieses bereits 1605 erstmals urkundlich erwähnten Weinguts. Die Spitzenlage Juffer Sonnenuhr mit bis zu 80 Prozent Steigung ist eine der besten Riesling-Lagen Deutschlands. Seine Weine sieht Oliver Haag als Botschafter dieser einzigartigen Landschaft und als Spiegelbild von Leidenschaft und Präzision.

www.weingut-fritz-haag.de

2019 SCHLOSS JOHANNISBERG „ROSALACK" AUSLESE
Schloss Johannisberg, Rheingau

DER WEIN Mitten durch den Weinberg von Schloss Johannisberg verläuft der 50. Breitengrad – und dieser steht auch für die ideale geografische Lage für den Riesling. In der „Rosalack" Auslese zeigt sich eine verspielte Aromatik, die von mineralisch-salzigen Noten unterlegt wird. Sehr feine, lebendige Säure, nachhaltig am Gaumen und straff im Abgang.

DAS GUT Das Schloss Johannisberg in Geisenheim thront majestätisch auf einem 182 Meter hohen Quarzit-Hügel – und hier wurde Geschichte geschrieben, ist dies doch die Wiege des Rieslings. Folgerichtig wird in den Weinbergen rund um das Schloss seit 1720 ausschließlich diese Rebsorte angebaut. Im 900 Jahre alten Schlosskeller lagern 25.000 kostbare Weine, der älteste aus dem Jahr 1748.

www.schloss-johannisberg.de

**2019 Wehlener Sonnenuhr
Riesling Auslese****

WEINGUT KNEWITZ APPENHEIM

KNEWITZ

STEINACKER
Auslese 2019

RATZENBERGER

2018er

Bacharacher Wolfshöhle
Riesling · Beerenauslese

Deutscher Prädikatswein
A.P.Nr. 1 698 179 04 19 · enthält Sulfite

alc. 8% vol   MITTELRHEIN   375 ml
GUTSABFÜLLUNG

WEINGUT RATZENBERGER · D-55442 BACHARACH

RIESLING
RANDERSACKERER PFÜLBEN
AUSLESE 2019

R

2019 WEHLENER SONNENUHR AUSLESE
Weingut Kerpen, Mosel

DER WEIN Die 1842 von Jodocus Prüm mitten in den Weinberg hineingebaute Sonnenuhr gab dieser berühmten Weinlage an der Mittelmosel ihren Namen. Die gleichnamige Auslese aus den hier gewachsenen Trauben weist eine kräftige Zitrusfrucht-Nase mit Steinobst-Anklängen auf und kommt im Mund dicht, klar und mit feiner Säure daher.

DAS GUT Seit acht Generationen betreibt die Familie Kerpen dieses reine Riesling-Weingut, und die neunte Generation, Sohn Matthias, geht ihrem Vater Martin bereits fachkundig zur Hand. Auf einer Fläche von acht Hektar bearbeitet die Familie berühmte Steillagen wie Graacher Himmelreich, Graacher Domprobst, Bernkasteler Bratenhöfchen und natürlich die Wehlener Sonnenuhr.

www.weingut-kerpen.de

2019 STEINACKER AUSLESE
Weingut Knewitz, Rheinhessen

DER WEIN Auch wenn die Trauben dafür in der eher kargen Lage Steinacker wachsen, kommt diese Auslese alles andere als karg daher. Leicht ja, aber ungemein einnehmend mit ihrer schönen, von sehr präsenter und animierender Säure getragenen Süße. In der Nase machen sich Aprikose, Maracuja und ein Hauch von Limette breit – ein gut ausbalancierter Wein.

DAS GUT Die Brüder Björn und Tobias Knewitz sind keine Freunde der Zurückhaltung, und ihren jugendlichen Tatendrang und Elan implantieren sie auch ihren Weinen. Gehaltvolle Leisetreter wie die beschriebene Auslese sind die Ausnahme, in der Regel kennzeichnen kraftvolle, expressive Rieslinge mit starker Individualität die Lagenweine des Brüderpaars.

www.weingut-knewitz.de

2019 BACHARACHER WOLFSHÖHLE BEERENAUSLESE
Weingut Ratzenberger, Mittelrhein

DER WEIN So beeindruckend, wie sich die Spitzenlage Wolfshöhle hinter der Burg Stahleck ausbreitet, entfaltet sich auch diese Beerenauslese. Ein Wein mit hervorragender, komplexer Struktur und einem dichten Aromennetz: ausgelesene Früchte, Ananas und kandierte Orangenschale steigen in die Nase, im Mund ist diese Auslese fein, elegant und cremig.

DAS GUT In dieser Naturkulisse zu arbeiten, muss jeden Tag aufs Neue ein Erlebnis sein. Zwischen Burgen und Ruinen wurzeln die Reben auf teilweise extremen Steilhängen, und damit ist die Bewirtschaftung vor allem auch eines: viel (Hand-)Arbeit. Aber eine, die Jochen Ratzenberger und seine Familie seit 2003 mit unverbrauchter Leidenschaft für exzellenten Wein gern erledigen.

www.weingut-ratzenberger.de

2019 RANDERSACKERER PFÜLBEN AUSLESE
Weingut Reiss, Franken

DER WEIN Der Randersackerer Pfülben zählt neben dem Würzburger Stein zu den fränkischen Toplagen. Hier ist maximale Sonneneinstrahlung garantiert, der Main fungiert als Wärmespeicher und Sonnenreflektor. Entsprechend „sonnig" präsentiert sich auch diese fränkische Auslese, die mit reifer Fruchtigkeit und feiner Säure die Sinne erhellt und belebt.

DAS GUT Christian Reiss legt Wert auf Weinbautradition, die in seiner Familie immerhin bis in das Jahr 1800 zurückreicht. Aber der Würzburger verschließt sich auch der neuen Zeit nicht, und so hat er das Gut im Jahr 2015 komplett modernisiert und die Traubenverarbeitung und Vinifikation neu ausgerichtet – was ihn nicht daran hindert, im Keller mit Tonamphoren und Muschelkalk-Fässern zu experimentieren.

www.weingut-reiss.com

2018 OCKFENER BOCKSTEIN AUSLESE
Weingut Reverchon, Mosel

DER WEIN Die Kernlagen im bekanntesten Weinberg an der Saar, dem Ockfener Bockstein, gehören seit 2016 wieder dem Gut Reverchon. Und den Trauben der alten Rebstöcke dieser besonderen Lage entspringt auch diese Auslese, die mit kühler, feinkräuteriger Nase, zarten floralen Aromen und spritzig-fruchtiger Vitalität besticht.

DAS GUT Der gebürtige Rheingauer Ralph Herke ist als Önologe seit 2013 mit der Aufgabe betraut, das liebevoll sanierte Weingut wieder zurück ins Spitzenfeld der Saar-Weine zu führen. Auf den historischen Steillagen Filzener Herrenberg und Ockfener Bockstein wachsen jene Trauben, aus denen die lagerfähigen und komplexen Terroirweine von Reverchon entstehen.

www.weingut-reverchon.de

2019 SERRIGER SCHLOSS SAARFELSER „GOLDKAPSEL" AUSLESE
Stiftungsweingut Vereinigte Hospitien, Mosel

DER WEIN Eine Selektion aus den ältesten Reben in der hervorragenden, zwölf Hektar großen Lage rund um das Schloss Saarfels, angelegt vor mehr als 100 Jahren. Cremig im Mund, mit erfrischender Fruchtaromatik und perfekt eingebundener Säure. Im Duft vereinen sich in der „Goldkapsel" pikante Schieferwürze, vollreifer Pfirsich und zarte Honignoten.

DAS GUT Seit seiner Gründung im Jahr 1804 durch Napoleon Bonaparte ist dieses Weingut Teil einer Stiftung, die mit den Erträgen aus dem Weinbau bis heute soziale Einrichtungen mitfinanziert. Prunkstück des Guts in der ehemaligen Kaiserstadt Trier ist Deutschlands ältester Weinkeller, dessen Ursprünge sich bis ins Jahr 330 n. Chr. zurückverfolgen lassen.

www.weingut.vereinigtehospitien.de

Die Bestimmung der Traube

Warum macht man restsüße Weine, Auslesen und Beerenauslesen? Warum hört man nicht bei Kabinett auf? Das wäre schließlich wirtschaftlicher für das Weingut, denn an trockenem Wein verdient man mehr. Dazu kommen frühe Lese und eine unkompliziertere Gärung. Die Antwort: Weil man dann jede Menge Weinherrlichkeit verpassen würde.

An der Mosel sind es die eleganten Ballerinen. Fein tanzen sie auf der Zunge, lebendig und anmutig. Ihre Kraft und Spannung erkennt man bei genauem Hinsehen. Der Rheingau zeigt sich hingegen bulliger und voller, wie ein stolzer Löwe, rau und königlich, immer die Sonne auf seiner Seite. Die Nahe ist ein Fabelwesen, wie der Phönix aus der Asche, zart und prachtvoll mit einem kargen Hintergrund. In Rheinhessen explodieren die Weine im Mund – das gebündelte Chaos, dicht und komplex. Der Mittelrhein wirkt dagegen leise: eine Feder, die in der Abendsonne ihren Weg durch die staubige Sommerluft sucht, getrieben vom warmen Wind. In Franken kommt man nicht umhin, die See im Hintergrund zu schmecken, hat sich doch das Urzeitmeer hier verewigt. Salzig und frisch auf den Lippen, mächtig und geballt rollt die Woge an Aromen heran. All das hat nichts mit Einbildung zu tun. Es sind Emotionen, die diese Weine hervorrufen. Das ganze Jahr über arbeitet der Winzer darauf hin, bis zuletzt gesunde, vielleicht teilweise eingetrocknete oder edelfaule Trauben am Stock zu haben.

Eines haben diese Weine gemeinsam: eine Rebsorte, die all diese Informationen weiterträgt, in sich aufsaugt, was das Jahr über passiert. Der Riesling zeigt es in aller Deutlichkeit. Exemplare davon können viele Jahrzehnte überstehen. Darunter sind Lagen, die man in jungen Jahren gar nicht erkennen kann, weil sie sich unter einer Schicht Babyspeck aus Frucht und Süße verstecken. Diesem einmal entwachsen, zeigt sich der Sportler, der Hochbegabte oder der liebe Freund von nebenan.

Diese Weine finden in jeder Lebenslage Verwendung. Man kann das richtige Gericht dazu suchen. Eine Idee, die nicht beim Dessert enden sollte, obwohl sie in jungen Jahren mit der Primäraromatik so mancher exotischen wie regionalen Frucht schmeicheln können. Nach ein bis zwei Jahren bereits verändert sich das Gesicht, es wird kantiger, bekommt einen sich einprägenden Charakter. Käse liebt das. Je nach Herkunft kann dieses Kantige sogar eine gewisse Gerbstoffsäure mit sich tragen. Dann sind diese Weine eine Bereicherung bei jedem Barbecue, lassen sich Röstaromen doch wunderbar zu schmelziger Frucht kombinieren. Abseits von Speisen ist eine gut gekühlte Auslese ein wunderbarer Aperitif – animierende Säure und zarte Süße, die Hunger machen. Und nach dem Essen entspannt man bei einer guten Zigarre – und dazu eine Beerenauslese.

Die Säure macht uns lebendig, ihr Hintergrund regt zu Gesprächen an, ihr Jahrgang lässt uns in Erinnerungen schwelgen. Also: Warum sollte ein Weingut diese Weine machen? Eben deshalb …

Nina Mann vom Restaurant Victor's FINE DINING by Christian Bau ist IHK-ausgebildete Sommelière und Gastgeberin aus Leidenschaft.

MITTEN IM LEBEN

Manfred Prüm ist eine deutsche Weinlegende. Die Riesling-Weine seines Weinguts Joh. Jos. Prüm gehören zu den besten der Welt. Wir treffen einen 87-Jährigen, dem wie kaum einem anderen der Aufstieg des deutschen Weins zu verdanken ist. Eine Verneigung.

WEINGUT JOH. JOS. PRÜM

INHABER	Katharina & Manfred Prüm
GRÜNDUNG	1911
REBFLÄCHE	21 Hektar
PRODUKTION	160.000 Flaschen
LAGEN	Graacher Himmelreich, Wehlener Sonnenuhr, Zeltinger Sonnenuhr
REBSORTEN	Riesling, Sauvignon Blanc

Weingut Joh. Jos. Prüm

Kaum ein Wein belohnt
Geduld so sehr wie
der von Joh. Jos. Prüm.

Wenn man verstehen will, was Dr. Manfred Prüm, eine der großen Weinmacher-Legenden Deutschlands, für ein Mensch ist, sollte man sich Folgendes vorstellen: Jeder kennt diese Männer, teilweise weit über 80, die während der Corona-Krise von ihren erwachsenen Kindern bekniet wurden, aufzupassen. Die Kinder waren krank vor Sorge – der Sorge, dass dieses schreckliche Virus ihre betagten Väter erwischen und töten könnte. Die Jungen bedrängten die Alten, sie mögen möglichst zurückgezogen leben, möglichst wenig Kontakt zur Außenwelt haben. Den Älteren gefiel das alles nicht. Gar nicht mal, weil sie stur oder engstirnig waren, sondern weil sie das Leid ihrer Kinder nicht mochten. Natürlich gefiel ihnen auch nicht, dass ihnen jemand sagte, was zu tun und was zu lassen sei, aber vor allem wollten sie nicht der Grund für das Leid der Kinder sein.

Denn dazu gab es ja keinen Grund. Davon waren die Alten überzeugt. Also beruhigten sie ihre Kinder: Ja, mein Kind, natürlich ist diese Corona-Krise furchtbar. Und sicher, wir müssen alle aufpassen, auch ich natürlich – aber, ganz ehrlich, ich habe noch so viel zu tun, so viel zu erledigen, ich kann doch nicht rumsitzen. Und außerdem: Seien wir realistisch, es trifft doch vor allem die Alten.

So ein Mann ist Manfred Prüm. Weinkenner nennen ihn die Legende des deutschen Weinbaus, dessen Weine der Beweis dafür sind, dass nicht nur Bücher, Filme, Opern und Kathedralen, sondern auch Wein genial sein kann. Menschen, die sich länger mit ihm unterhalten, haben vor allem den Eindruck, dass dieser Mann nicht 87 Jahre alt sein kann.

An einem frühwarmen Frühlingstag im April dieses Jahres sitzt Manfred Prüm in seinem Jugendstilhaus an der Uferallee in Bernkastel-Kues an der Mosel, dem Sitz seines Weinguts Joh. Jos. Prüm. Ein freundlich blickender Mann mit schlohweißem Haar und einnehmendem Lachen. Im Hintergrund, durch die Fenster, blickt man auf die bekanntesten Weinberge der Mittelmosel: Graacher Himmelreich, Zeltinger Sonnenuhr und Wehlener Sonnenuhr. Unglaublich steile Hänge, Schieferböden, auf denen jeder Schritt knirscht, und im August eine Hitze, die jeden

Mittagsbesuch zur Wüstenerfahrung macht. Es gibt wohl keine bessere Lage für Riesling auf diesem Planeten.

Prüm sitzt an einem breiten Tisch in der Mitte des Raums, die Hände gefaltet, leicht nach vorne gebeugt. Man fragt sich, ob er weiß, dass dies nicht wirklich ein Interview werden kann, eher eine Verneigung. Wer fruchtsüße Weine mag – und man sollte sich als Weintrinker sehr ernsthafte Gedanken über sein Leben machen, wenn dem grundsätzlich nicht so ist –, der wird Joh.-Jos.-Prüm-Weine lieben. Sie gehören zu den besten der Welt.

Mit Manfred Prüm über Mosel-Riesling zu sprechen, ist, als würde man mit Maradona über Fußball, Bob Dylan über Musik oder Marie Curie über Chemie sprechen. Manfred Prüm macht grandiose Rieslinge, und zwar nicht erst, seit es Zeitgeist ist, seit es modern ist und alle von Qualität, Kompromisslosigkeit und althergebrachtem Handwerk sprechen. Manfred Prüm hat nie etwas anderes gemacht. Und weil es früher viele Jahre gab, in denen der Mai zu kalt, der August zu mild und der September zu nass war, hat er in manchen Jahren überhaupt keinen Wein gemacht, jedenfalls keinen, der den Namen seines Weinguts, Joh. Jos. Prüm, tragen durfte. Wenn die Trauben es nicht hergaben, gab es keinen Wein. Vor dem Klimawandel kam das nicht selten vor, mit entsprechenden Folgen für das Firmenkonto. Es ist leicht zu sagen, dass man auf Tradition setzt, dass Weinmachen viel mit Geduld und Gottvertrauen zu tun hat. Deutlich schwerer ist es, heutzutage Weine zu verkaufen, die ihren Höhepunkt womöglich erst in zehn, fünfzehn oder noch mehr Jahren haben werden, und zu ertragen, dass die eigenen Weine bei Vergleichen mit Frühentwicklern deutlich schlechter abschneiden. Trotzdem nichts zu ändern, ist nicht leicht. Spätestens hier erkennt man den Unterschied zwischen jemandem wie Manfred Prüm und einigen der „modernen" Weinmacher.

„Also, worüber wollen wir reden?", fragt Manfred Prüm. Am liebsten würde er über Politik sprechen, über das politische Spektakel in Sachen Merkel-Nachfolge. Prüm scheint besser informiert als so mancher Hauptstadtjournalist. Er hat viel dazu gelesen, telefoniert mit Leuten. „Also

Ein Anblick, fast kitschig.
Manfred Prüm sieht von der
Terrasse aus auf seine
legendären Lagen: darunter
Graacher Himmelreich,
Zeltinger Sonnenuhr und
Wehlener Sonnenuhr.

das mit Laschet und Söder, verrückt." Manche Menschen interessieren sich mit den Jahren immer weniger für die Welt, gerade im Alter, gerade, wenn sie erfolgreich waren. Sie reden dann viel über früher, über die eigenen Erfolge, die Dinge, die sie richtig gemacht haben. Manfred Prüm muss man dazu zwingen. Er will vor allem Neues erfahren. Seine eigene Geschichte kennt er schon, er ist einer dieser Leute, die mit weit über 80 vor Wissensdurst platzen. Natürlich kann man über seine Weine mit ihm reden, über legendäre Jahrgänge wie 1976, aber das wäre Zeitverschwendung. Vieles ist bekannt.

Zum Beispiel, dass ein junger Joh.-Jos.-Prüm in der Regel ein sehr ordentlicher Wein ist. Der einzige wirkliche Grund, sich über ihn zu ärgern, wäre vermutlich, dass man ihn meist zu früh geöffnet hat. Ein großer Jahrgang von Manfred Prüm im perfekten Trinkalter ist etwas völlig anderes. Um es vielleicht so zu erklären: Man muss niemandem erläutern, warum Maradona ein genialer Fußballer war, selbst, wenn man nichts von Fußball versteht, ein kleiner Zusammenschnitt seiner besten Spiele und man kann es sehen. Und niemand muss erklären, warum Bob Dylan ein begnadeter Musiker ist, es braucht keinen Sachverstand, es braucht Ohren, um das zu verstehen. Manfred Prüms Weine sind so fantastisch, dass Laien das erkennen. Keiner muss von Mineralität, Terroir oder Fruchtigkeit sprechen. Es reicht, wenn man einen Gaumen hat. Nicht immer, aber oft, muss man Genialität nicht erklären.

So interessant Söders Motivationslage ist, Manfred Prüm soll von früher erzählen. Über die Anfänge. Über den Vater Sebastian Alois Prüm-Erz. Manfred Prüm überlegt kurz. „Er ist 1969 plötzlich und unerwartet gestorben, in genau diesem Zimmer, in dem wir sitzen. Ein sehr tüchtiger Winzer, kein Akademiker, schweigsam, Sie kennen diese Generation."

Ursprünglich sollte nicht Manfred Prüm das Weingut übernehmen, sondern sein älterer Bruder Johann Josef – „der Stammhalter". Dieser wollte das aber nicht, wurde erfolgreicher Jurist und später Präsident der Industrie- und Handelskammer des Saarlands. Manfred ging dem Vater zur Hand, lernte das Weinhandwerk und beschloss später, Jura zu studieren und zu promovieren. Nach dem Tod des Vaters entschied der Familienrat, dass Manfred das Weingut leiten sollte. Manfred investierte in die alten Gebäude und Abfüllanlagen und nahm mit Würde hin, dass der Kellermeister etwas überraschend kündigte. „Ich machte es eben selbst", sagt Prüm. Das konkrete Weinmachen war vermutlich nie das Geheimnis. Manfred Prüms Vater war vielleicht kein Akademiker, aber er hatte etwas verinnerlicht und seinem Sohn weitergegeben, das viele in Deutschland und an der Mosel vergessen hatten: Anfang des 20. Jahrhunderts erzielten Mosel-Weine enorme Preise. Hinter Bordeaux war die Mosel-Gemeinde Traben-Trarbach der zweitwichtigste Handelsplatz für Weine. Weltweit. Spitzenrestaurants auf der ganzen Welt hatten sündhaft teure Mosel-Weine auf der Karte. Spitzenköche kochten mit ihnen. Die Titanic auf ihrer Jungfernfahrt hatte einen ganzen Jahrgang der Graacher Weinlage Josephshöfer geladen. Mosel-Wein war das Getränk der Eliten – in Berlin, Breslau, London, New York. Die prächtigen Winzervillen, die jetzt das Moselufer schmücken, sie stammen aus der goldenen Zeit des Mosel-Rieslings.

Spätestens mit dem Zweiten Weltkrieg und einigen wirklich schwachen Jahrgängen verblasste der Ruhm der Mosel-Weine. Hinzu kam, dass einige in der Mosel merk-

Manfred Prüms Weine sind so fantastisch, dass Laien das erkennen. Keiner muss von Mineralität, Terroir oder Fruchtigkeit sprechen. Es reicht, wenn man einen Gaumen hat.

ten, dass man auch mit mäßiger Weinqualität, dafür aber mit Masse Geld verdienen konnte. Sich in Wirtschaftswunderjahren auf einem Moseldampfer zu betrinken, geht auch mit schlechtem Wein. Einer, der das all die Jahre nicht mitmachte, war Manfred Prüms Vater, Sebastian Prüm-Erz. Ein schweigsamer, aber dominanter Patriarch, dem es seine Winzerehre verbot, die wunderbaren Parzellen, die er geerbt hatte, für die Produktion von mäßigem Wein zu nutzen. Manfred übernahm weder das Wesen noch das Gemüt, dafür aber die Überzeugung, dass der Name Joh. Jos. Prüm hochgehalten werden musste, selbst wenn Briten und Amerikaner den Wein mehr zu schätzen schienen als die Deutschen.

„Man muss es ordentlich machen", sagt Prüm, wenn man ihn nach seiner Art des Weinmachens befragt. Es ist nicht mal so, dass er nicht konkret werden möchte. Es gibt kein alles erklärendes Geheimnis, das im Keller von Joh. Jos. Prüm nur Eingeweihten bekannt wäre. Das Weingut hat auch heute keinen Kellermeister. Das Geheimnis ist die Konstanz, die Kompromisslosigkeit, die Disziplin. Die meisten Winzer wissen, was zu tun ist, aber manche machen eben Kompromisse, nicht zuletzt, weil sie müssen. Manfred Prüm neigt nicht zu Kompromissen, noch viel weniger neigt er zu Abkürzungen, die beim Weinmachen meist in Form schneller Euros winken. Die wunderbaren Lagen, die Manfred Prüms Weingut sein Eigen nennt und die er seit geraumer Zeit mit seiner Nachfolgerin, seiner Tochter Katharina, bewirtschaftet, sind fantastisch. Das war pures Glück. Sie wurden ihm geschenkt. Der Rest aber ist Manfred Prüms Verdienst: Es ist die Erkenntnis, dass Weinmachen auf Spitzenniveau nicht in Monaten, nicht mal in Jahren, sondern in Jahrzehnten zu betrachten ist. Es ist die Überzeugung, dass man auch in Jahren, in denen der Direktor der örtlichen Filiale der Deutschen

Bank anruft und fragt, ob er sich Sorgen um das Weingut machen müsse (und solche Jahre gab es), nicht hinwirft, dass man eben nicht die mäßige Lese behält, sie doch mit dem so berühmten Joh.-Jos.-Prüm-Etikett versieht und für viel Geld verkauft – im Wissen, dass viele womöglich erst in 15 Jahren merken werden, dass sie betrogen wurden.

Wie viele große Wahrheiten ist auch diese im Kern recht schlicht. Manfred Prüm ist heute eine Weinlegende. Ein Mann, der es einfach „ordentlich macht", ein wahnsinnig erfolgreicher Mann, der es liebt, über das Leben zu reden. – nur nicht so sehr über seins, das kennt er ja schon.

AUSGESCHENKT WELTWEIT

ITALIEN
– La Francescana
   www.ristorante
   lafrancescana.it

ITALIEN
– La Pergola Roma
   www.romecavalieri.com/it/
   la-pergola-it

SCHWEIZ
– The Dolder Grand
   www.thedoldergrand.com

USA
– The Modern
   www.themodernnyc.com

VERKOSTUNGSNOTIZEN

2008 GRAACHER HIMMELREICH, AUSLESE, LANGE GOLDKAPSEL
Vollreife weiße Pfirsichfrucht, hervorragende Balance zwischen Fruchtsüße und lebendiger Säure, die diesen konzentrierten Wein geradezu leichtfüßig erscheinen lässt.

2010 GRAACHER HIMMELREICH
Ein Hauch von getrockneten Aprikosen. Sehr subtile, aber durchaus feste Struktur, wunderbare Saftigkeit im Mittelteil, unterstützt von einer markanten Säure.

2003 WEHLENER SONNENUHR
Kamille, etwas Minze, feines Aroma von schwarzen Teeblättern, dann Geschmack von getrockneter Aprikose, Cassis und kandierter Ananas. Geschmeidige Textur, erfrischende Würze.

2007 WEHLENER SONNENUHR
Getrocknete Kräuter, Mandel und ein Hauch Quitte, sehr offen und einladend, dabei noch frisch und jugendlich. Gefolgt von vollreifem Steinobst, reichhaltige und dennoch subtile Textur, getragen von einer reifen, harmonisierenden Säure.

Emmanuel Cadieu

Sommelier im Cheval Blanc, Paris

Seit acht Jahren arbeite ich mit den Weinen von Joh. Jos. Prüm, wobei der Riesling zu meinen Lieblingssorten zählt. Daher war es für mich klar, die Rieslinge zur Eröffnung des Cheval Blanc in Paris auf der Liste zu haben. Prüms Rieslinge stehen in drei unserer vier Restaurants auf der Karte, im Le Tout-Paris werden sie mit Goldbrasse, Grapefruitsauce und rosa Beeren serviert, im Fine-Dining-Restaurant servieren wir einen Wehlener Sonnenuhr Kabinett Riesling 2019 zu einem Gericht aus Zander und Krebs.

Edelsüße Spitzen

Im Weinbau gibt es nicht viel, was aufwendiger ist, als Essenzen wie diese zu keltern – aus einzelnen Beeren oder gar aus getrockneten, von Edelfäule geküssten Früchten, die ein ganzes Jahr Zeit hatten, ihre Umwelt in sich aufzunehmen. Am Ende dieser Zeit und dieser Arbeit steht, wenn alles gut geht, die kristalline Struktur des Weins, in der Süße und Säure, Frucht und Würze zu einer Harmonie finden, die sich kaum in Worte fassen lässt. Bei den Weinen, die wir Ihnen auf den folgenden Seiten präsentieren, ist dieses Wunder geschehen.

CORVERS
KAUTER

MARCOBRUNN

TROCKENBEERENAUSLESE 2019

MARKUS MOLITOR

2010

Wehlener Sonnenuhr
Trockenbeerenauslese

RIESLING MOSEL

WEINGUT
GEORG MÜLLER
STIFTUNG
Rheingau
2018
HASSEL
Riesling · Trockenbeerenauslese

Peter Winter
PETER WINTER, INHABER

Tim Lilienström
TIM LILIENSTRÖM, KELLERMEISTER

VDP.GROSSE LAGE®

BADEN

ROBERT SCHÄTZLE
SCHLOSS NEUWEIER
2018
MAUERBERG RIESLING
TROCKENBEERENAUSLESE

VDP. ERSTE LAGE

2019 ERBACHER MARCOBRUNN RIESLING TROCKENBEERENAUSLESE
Weingut Corvers-Kauter, Rheingau

DER WEIN Wenn Weine singen könnten …! Können sie aber nicht. Darum stimmen wir hier stellvertretend ein Loblied auf diese herausragende Trockenbeerenauslese an: Akazienhonig, Brioche und getrocknete Datteln, darüber gut verlegter Säureboden. Es folgen Arien und Koloratur und Fortissimo bis zum elementaren Schlussakkord.

DAS GUT Um in Oestrich-Winkel aus der schieren Menge an Klasseweingütern hervorzustechen, bedarf es schon gewaltiger Leistungen – und etwas Glück: Zuletzt kamen wichtige Lagen aus dem Nachlass des Eltviller Weinguts Langwerth von Simmern ans Gut, darunter auch der Erbacher Marcobrunn. Für Matthias Corvers und seinen Sohn Philipp ist die Riesling-Rebe „ein Medium, das Verborgenes aufspürt und an die Oberfläche fördert". Starke Worte, starke Weine.

www.corvers-kauter.de

2010 WEHLENER SONNENUHR RIESLING TROCKENBEERENAUSLESE
Markus Molitor, Mosel

DER WEIN Aus uralten, wurzelechten Riesling-Reben, die auf der Wehlener Sonnenuhr tief im blauen Schiefer stehen, reifte unter der Ägide des Lagen-Virtuosen Molitor ein edelsüßer Weltklassewein, der komplexe, reife Aromen zeigt, darunter ein glasklares Säuregerüst sowie Gewürznoten zwischen Zimt und Kardamom, und der einen Druck aufbaut, bei dem alle Facetten ins Schillern geraten. Grandios!

DAS GUT Mit seiner enormen stilistischen Bandbreite legte Markus Molitor, Selfmade-Weltstar aus Bernkastel-Wehlen, die Latte auch international hoch: Seine vielfältigen Lagenrieslinge, deren Spektrum vom trockenen Ausbau über feinherbe Varianten bis zu den edelsüßen Goldkapsel-Schätzen reicht, zeigen regelmäßig, was alles möglich ist, wenn man es denn nur ermöglichen will.

www.markusmolitor.com

2018 HATTENHEIMER HASSEL RIESLING TROCKENBEERENAUSLESE
Georg Müller Stiftung, Rheingau

DER WEIN Ein besonderes Jahr, ein besonderer Wein: hochreif, mit enormer Dichte bei gut ausgeprägter Vielschichtigkeit. Diese Müller'sche Trockenbeerenauslese vermittelt zwischen getrockneten Früchten, karamelligen Noten, nussigen Aromen, unterlegt von markanter Würze, und entwickelt daraus eine Wirkung, die lange (lange!) trägt.

DAS GUT Mittlerer Rheingau, oberstes Niveau: Die Stiftung von Georg Müller, Enkel des Eltviller Sektfabrikanten Matheus Müller, vor 100 Jahren als Weingut zur Unterstützung für Bedürftige seiner Heimatgemeinde übertragen, wurde 2003 von Peter Winter übernommen und zu neuen Höhen geführt. Betriebsleiter Tim Lilienström verantwortet heute ein famoses Portfolio trockener und edelsüßer Rieslinge, von den Spätburgundern einmal ganz zu schweigen.

www.georg-mueller-stiftung.de

2018 NEUWEIERER MAUERBERG RIESLING TROCKENBEERENAUSLESE
Schloss Neuweier, Baden

DER WEIN Auf dem Portal von Schloss Neuweier steht – datiert aus dem Jahr 1548 – das Motto: „Zeyt bryngt Rosen." Und noch mehr Zeit bringt Rieslinge wie diesen: eine Trockenbeerenauslese aus extremer Steillage und terrassiertem Urgesteinsboden, mit reifen Honignoten, eleganter Säure und sehr viel Zeit für noch mehr Brillanz. Tausend Rosen.

DAS GUT Seit 2012 leitet Robert Schätzle mit hochengagierter familiärer Unterstützung das traditionsreiche Schlossweingut als Familienbetrieb. Die Monopollagen Schlossberg und Goldenes Loch sowie der spektakuläre Mauerberg dienen dabei als Grundfesten. Sie sind zu 80 Prozent mit Riesling bestockt, werden von Rhein und Schwarzwald klimatisch geprägt und von dem weltgewandten Wein-Wissenschaftler Robert Schätzle sorgsam betreut.

www.schloss-neuweier.de

Edelsüße Spitzen

ESCHERNDORFER LUMP

HORST SAUER

SILVANER
TROCKENBEERENAUSLESE

MOSEL

SELBACH
OSTER

ZELTINGER SONNENUHR
RIESLING
BEERENAUSLESE 2019

WEINGUT
SPREITZER

2019
HALLGARTENER HENDELBERG
RIESLING
TROCKENBEERENAUSLESE
RHEINGAU

ÜLLUNG · WEINGUT VAN VOLXEM ROMAN

Scharzhofberger
2018
TROCKENBEERENAUSLESE
VAN VOLXEM

2019 ESCHERNDORFER LUMP SILVANER TROCKENBEERENAUSLESE
Horst Sauer, Franken

DER WEIN Große Weine entstehen im Kopf, sagt Horst Sauer. Als Winzer meint er das womöglich anders, als man denkt. Seine Silvaner-Trockenbeerenauslese vom Escherndorfer Lump gibt ihm auf ihre Art recht – eine Art, die einem den Kopf verdreht mit ihren Erzählungen von Aprikosen und Ananas, von kandierten Äpfeln, von Säure und Süße und Perfektion.

DAS GUT Das nennen wir eine Adresse: An der Bocksbeutelstraße 14 residieren Horst und Magdalena Sauer mit ihrer Tochter Sandra, Letztere auch längst voll engagiert im Betrieb und wie der Vater mit klarem Bezug zum mythischen Terroir direkt am Altmain in der Volkacher Mainschleife. Ihre edelsüßen Weine vom Escherndorfer Lump haben – jeder für sich – das Zeug zum Kulturdenkmal.

www.weingut-horst-sauer.de

2019 ZELTINGER SONNENUHR RIESLING TROCKENBEERENAUSLESE
Weingut Selbach-Oster, Mosel

DER WEIN Es geht immer noch mehr, es geht ein Wein wie dieser: schon im süßen Spektrum extreme Brillanz, mit der jugendlichen Säure und dem Aromenspiel von Vanille und getrockneten Beeren ein Festtagswein, für den man nicht unbedingt einen Anlass suchen muss, ist er doch ein Fest für sich.

DAS GUT Mehr Mosel-Tradition geht kaum: Seit 400 Jahren ist das Familienweingut in Zeltingen tätig, also in bester Umgebung für Rieslinge aller Arten und Klassen. Johannes und Barbara Selbach bewahren das Feuer mit klarem Bekenntnis zu Geschichte und Gegenwart des Mosel-Weinbaus – „traditionell zeitlos" nennen sie es selbst. Ein wahres Wort.

www.selbach-oster.de

2019 HALLGARTENER HENDELBERG RIESLING TROCKENBEERENAUSLESE
Josef Spreitzer, Rheingau

DER WEIN Aus einem der höchsten Weingärten im Rheingau, in durchaus kühlem Mikroklima, stammen die Beeren für diese Trockenbeerenauslese, die alle Anlagen zu einem wahrhaft großen Wein mitbringt – perfekte Fruchtsüße, strahlende Säure und verspielte Aromen: Orangenschale, getrocknete Kräuter, etwas Nuss, Waldhonig. Ein Meisterstück!

DAS GUT Die Spreitzer-Buben Bernd und Andreas führen ihr Gut nun seit mehr als 20 Jahren mit einem klaren Bekenntnis zum Spagat: Eleganz und Power sind ihnen gleichermaßen wichtig, und tatsächlich gelingt die Turnübung souverän. Naturnahe Bewirtschaftung, echte Ertragsreduktion, selektive Lese sind selbstverständlich – der Rest ist wohl Magie.

www.weingut-spreitzer.de

2018 SCHARZHOFBERGER RIESLING TROCKENBEERENAUSLESE
Weingut Van Volxem, Mosel

DER WEIN Wenn von Roman Niewodniczanskis Scharzhofberger anno 2018 die Rede ist, schweigen Kenner, lächeln selig – und genießen andächtig. Dieser Wein braucht nicht viele Worte, er braucht nur Menschen, die ihn zu schätzen wissen. Was wiederum so schwierig gar nicht ist, die Exzellenz dieser Trockenbeerenauslese erschließt sich rasch – und bleibt ewig im Gedächtnis.

DAS GUT Im ehemaligen Klosterweingut der Trierer Jesuiten (das später in den Besitz der Bierbrauer-Dynastie Van Volxem gelangte) verfolgt Roman Niewodniczanski seit seinem Einstieg 2000 eine klare Drei-Punkte-Strategie: besser, höher, weiter. Und ja, der Erfolg gibt ihm recht.

www.vanvolxem.com

Edelsüße Spitzen

2017 OCKFENER BOCKSTEIN RIESLING TROCKENBEERENAUSLESE
Nik Weis, St. Urbans-Hof, Mosel

DER WEIN Die Selektion aus der ganz besonderen Parzelle Zickelgarten des Ockfener Bockstein ergibt einen ganz besonderen, ach was, einen unvergleichlichen Wein: Komplexität in Fruchtfülle und Säurespiel, nach dem sehr schönen Weis-Credo „Balance, Balance, Balance" ineinander verwoben, als wäre es ein Kinderspiel. Und trotzdem ist das schon jetzt ein sehr erwachsener Wein, aber einer, der auch noch sehr wachsen wird.

DAS GUT Gegen Ende der 1990er-Jahre gab Nik Weis dem Familienweingut, das zu dem Zeitpunkt auch schon gut 50 Jahre existierte, die Sporen. Der neue Chef im Haus erwarb wichtige Lagen, erkannte und erkundete die Vielseitigkeit von Mosel und Saar in allen Facetten. Nicht umsonst ist der Weis'sche St. Urbans-Hof heute eine tragende Säule des Mosel-Weinbaus (und der kongeniale Kellermeister Kai Hausen trägt fleißig mit).

www.nikweis.com

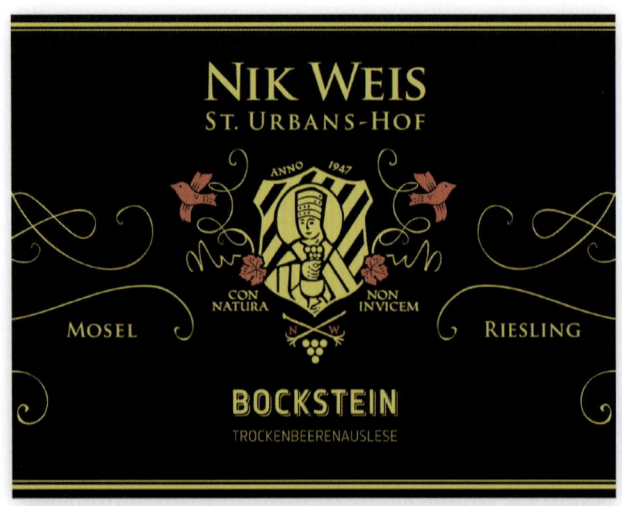

2018 SAARBURG RAUSCH RIESLING BEERENAUSLESE
Forstmeister Geltz Zilliken, Mosel

DER WEIN Ein Wein für die Langstrecke, eine Essenz, die sich von ihrem aktuellen, eigentlich ja schon höchsten Niveau noch einige Jahrzehnte lang steigern wird: Auf konzentrierten Honignoten, kandierter Zitronenschale, Lebkuchen und Birne erhebt sie sich, mit ihrer strahlenden, lebendigen Säure entfaltet sie ihre mächtigen Flügel – und entführt uns in den Weinhimmel.

DAS GUT Weltspitze an der Saar: Unter der Leitung von Dorothee Zilliken entstehen auf dem Saarburger Gut Rieslinge in allen Prädikatsstufen und von ausschließlich allerhöchster Klasse; hier von Champions League zu sprechen, wäre nicht untertrieben. Vater Hanno ist als Kellermeister nach wie vor im Zeichen des Z aktiv und wacht im mythischen Geltz-Zilliken-Gewölbe über goldene Schätze.

www.zilliken-vdp.de

Essenzen eines Jahres

Der Winzer braucht Glück, das richtige Wetter und die passende Lage, um Trockenbeeren- und Beerenauslesen zu lesen und zu keltern. Erst seit circa 1988 begünstigt das Wetter in Deutschland diese Weine – zumindest in dem Rahmen, wie wir sie heute kennen. Auch davor gab es schon Beerenauslesen, nur war das Weingesetz ein anderes oder gar nicht vorhanden. Diese Weine sind Essenzen eines Jahres, die konzentrierte Frucht mühevoller Handarbeit.

Es ist eine große Verantwortung, während der stressigen Lese auch noch entscheiden zu müssen, ob man alle Trauben mitnimmt, um diese zu anständigen Spät- oder Auslesen zu verarbeiten. Oder ob man der Natur das Vertrauen schenkt, dass sie einen goldenen Herbst mit passender Feuchtigkeit und ausgleichender Sonne bescheren wird, um dann perfekt eingetrocknete und mit Graufäule befallene Beeren einsammeln zu können. Es ist ein Risiko. Natürlich finden wir diese Weine immer häufiger. Aber die Kunst besteht darin, diesen auch das richtige Leben einzuhauchen. Sie sollten aufregend, fein und mächtig sein, jugendlich verspielt und geradlinig, aber ebenso kristallklar und brillierend. Und die richtige Säure muss der Süße gegenhalten.

Wenn man unsere Auswahl an edelsüßen Spitzen hier betrachtet, liegt den Weinen eine Gemeinsamkeit zugrunde: Sie alle stammen aus Lagen, von denen unsere Vorfahren seit jeher überzeugt sind. In ihnen errichtete man Denkmäler. Sie waren Vorreiter für das Weingesetz, da durch ihre Einzigartigkeit Namen gefunden wurden, an die man sich heute noch erinnert. Dichter huldigten ihnen in Lobpreisungen. Ärzte sagten ihnen heilende Kräfte nach. Und Könige verschenkten sie wie flüssiges Gold. Die Lagen, aus denen die Weine kommen, besitzen eine magische Aura, die auch den Weinen selbst innewohnt. Denn bis heute ist nicht ganz klar, wie die Aromen in den Wein gelangen. Hier stößt sogar die Wissenschaft an ihre Grenzen.

Der hohen Dichte an Extrakten und der Menge an fruchteigener Süße verdanken wir, dass Beerenauslesen langlebig sind. So können wir uns einen Teil der Geschichte bewahren und in vielen Jahren wiederaufleben lassen. Das ist die eine gute Eigenschaft dieser Weine. Die andere: Sie sind zum Trinken da. Ein gutes Buch am Abend und dazu ein Glas Trockenbeerenauslese – und der Tag wird ein guter gewesen sein.

Bei der Frage nach dem Preis stößt man vielleicht an seine Grenzen. Viele Raritäten dieser Welt kosten wirklich gutes Geld. Bei unseren Beerenauslesen in Deutschland steht der Preis in keiner Relation zu der Arbeit und dem Vabanque-Spiel, das der Winzer eingeht. Doch klar muss sein: Für diese Weine nimmt man sich Zeit; Zeit, um sie sensorisch zu erfassen, um ihnen die richtige Ehrerbietung entgegenzubringen und um zu verstehen, was der Winzer damit sagen will. Klar kann man darauf warten, bis der eine besondere Moment gekommen ist. Oder der Moment wird besonders durch diese Weine.

Nina Mann vom Restaurant Victor's Fine Dining by Christian Bau ist IHK-ausgebildete Sommelière und Gastgeberin aus Leidenschaft.

NICHTSTUN UNTER KONTROLLE

Erstklassige Weinberge, ideales Mikroklima, internationales Prestige: Die tiffanyblauen Etiketten der Flaschen aus dem Weingut Weil in Kiedrich stehen für Spitzenqualität. Winzer Wilhelm Weil hat allerhöchste Ansprüche und lässt der Natur möglichst ihren Lauf – und wirkt dabei recht entspannt.

WEINGUT ROBERT WEIL

INHABER	Wilhelm Weil
GRÜNDUNG	1875
REBFLÄCHE	90 Hektar
PRODUKTION	650.000 Flaschen
LAGEN	Kiedricher Gräfenberg, Klosterberg, Turmberg
REBSORTEN	Riesling

Weingut Robert Weil

Fachwerk, Spitzgiebel, Türmchen, Laubengänge, von Rosen und Hortensien gesäumte Kieswege – das Gebäudeensemble wirkt, als wäre es von Disney für einen Märchenfilm aufgebaut worden. Hinter dem schlossähnlichen Haupthaus des Weinguts erhebt sich die gotische Basilika St. Valentin, eine der schönsten und ältesten Kirchen der Region, die allerdings leicht überdimensioniert für den Ort wirkt: Kiedrich im Rheingau hat nicht einmal 4000 Einwohner – aber ein Weingut von Weltruf.

Das Weingut Robert Weil, dessen Verwaltung in dem historischen Gutshaus mit der schmucken Fachwerk-Fassade untergebracht ist, wirkt nicht nur optisch wie ein französisches Château: Die edlen Rieslinge aus dem Rheingau haben international längst einen genauso guten Namen wie französische oder italienische Spitzenweine. Und obwohl das Weingut schlicht „Robert Weil" heißt – nach dem Urgroßvater des derzeitigen Chefs Wilhelm Weil –, gibt es, passend zur Schloss-Atmosphäre, sogar einen richtigen Burgturm. Man sieht ihn vom neuesten Teil des Guts aus den Panoramafenstern des modernen Showrooms.

„Da drüben ist meine persönliche Lieblingslage", sagt Wilhelm Weil. Er zeigt auf den Turmberg, einen steilen Hügel, der von einem weiß getünchten Turm gekrönt ist. „Bei Château Latour sind vielleicht die Preise höher, dafür haben wir einen doppelt so hohen Turm", scherzt der Chef. Zum Turmberg habe er eine besondere Beziehung, erzählt er: „Als Kind habe ich gerne auf dem Burgturm gespielt, als Jugendlicher viel in den Weinbergen dort geholfen." Die Weine vom Turmberg und vom benachbarten Gräfenberg waren schon vor mehr als 100 Jahren europaweit begehrt, sie wurden an Königshäusern und in Grandhotels ausgeschenkt. Und ihr Renommee ist ungebrochen – der Gräfenberg ist die europaweit einzige Lage, in der in einer durchgehenden Folge der Jahrgänge von 1989 bis heute alle Qualitätsstufen bis zur Trockenbeerenauslese geerntet werden konnten.

Das liegt zum einen an den idealen natürlichen Bedingungen, die dort gegeben sind: Der phyllithaltige, mit Lösslehm durchsetzte Boden kann gut Wasser speichern, der Wald am oberen Rand und der Rhein bringen genug Feuchtigkeit und Kühle auch in heißen Sommern. Zum anderen liegt es immer auch am Wissen, am Geschmack und am Händchen des Winzers, wie ein Wein schmeckt. „Weine sind immer eine Verschmelzung von Natur und Mensch", sagt Wilhelm Weil. Kritiker bescheinigen den

Rieslingen aus dem Hause Weil „Finesse und Explosivität", „beeindruckende Energie und Nachhall", „Agilität, Grazie und Eleganz". Was für ein Mensch ist Wilhelm Weil folglich? Ist er etwa so explosiv, energiegeladen, grazil und elegant wie seine Weine?

Das kann man so nicht sagen. Wilhelm Weil redet mit zurückhaltender, eher dezenter Stimme, er schaut einen aus blauen Augen freundlich an, eine Explosion scheint nicht unmittelbar bevorzustehen. Volle, hellbraune Haare, sportliche Figur, blauer Pulli, Jeans, Hornbrille – Weil hat mehr von einem Sport- und Deutschlehrer als von einem Sprengmeister. Der 58-Jährige kommt gerade von der Physiotherapie, wirkt aber fit wie ein Turnschuh, körperlich ebenso wie geistig. Wein hält wohl doch jung und gesund, wenn man ihn richtig dosiert.

Seine Leidenschaft für Wein entdeckte Wilhelm Weil schon außergewöhnlich früh. Im Sommer 1973, als er gerade einmal zehn Jahre alt war, nippte er aus Neugier an einer offenen Probierflasche, die im Kühlschrank des Weinguts stand. Es war eine 1971er Gräfenberg Spätlese, ein edelsüßer Riesling. „Da hatte ich so einen Spaß daran, dass ich den ganzen Sommer über immer wieder ein Schlückchen aus dem Kühlschrank stibitzt habe", erinnert sich Wilhelm Weil. Noch fünf Jahrzehnte später kann er den Geschmack des Weins, der aus dem legendär gewordenen Fass 71/7 stammte, nachempfinden: „Er hatte eine feine Gärungskohlensäure, schmeckte süß, mineralisch und elegant-säuerlich."

Der kindliche Weindiebstahl ist längst verjährt, aber seinen Gaumen haben die geheimen Proben sicherlich grundlegend geprägt. Auf jeden Fall ist das frühe Erlebnis mit dafür verantwortlich, dass Wilhelm Weil Winzer mit Leib und Seele geworden ist. Das unterscheidet ihn von seinen Vorfahren, die abwechselnd Robert und Wilhelm hießen, hauptberuflich Juristen und erst in zweiter Linie Winzer waren.

Der Gründer des Weinguts, Dr. Robert Weil, kaufte im Jahr 1867 die ersten Weinberge in Kiedrich, als der verarmte Landadel die besten Lagen im Rheingau abstoßen musste. Wilhelm Weils Urgroßvater war Professor für Deutsch an der Pariser Sorbonne, ein hochgebildeter Mann, der im Zuge des deutsch-französischen Kriegs in seine Heimat zurückkehren musste. Er arbeitete anschließend als Journalist und Schriftsteller in Frankfurt und produzierte ab 1875 Weine in Kiedrich.

Schloss-Charme: Das historische Gebäude des Weinguts Weil in Kiedrich sieht aus wie eine Kulisse für einen Märchenfilm.

Weingut Robert Weil

Ideale Bedingungen: Am
Gräfenberg bei Kiedrich
werden die Reben von morgens
bis abends von der Sonne
beschienen, der Wald bringt
Kühle und Feuchtigkeit.
Rechts: In den Räumen des
historischen Gutshauses
ist die Verwaltung des Weinguts untergebracht.

Grüß Gott
tritt ein
Bring Glück
herein.

Weingut Robert Weil

> „Es ist eine Aufgabe der Gegenwart, Genuss und gesunden Patriotismus zu verbinden. Das halte ich für sehr wichtig."
>
> Wilhelm Weil

Der Kauf der besten Kiedricher Lagen erwies sich als Glücksfall für die Familie. An den gut besonnten Südwesthängen weht immer ein Lüftchen, durch das ideale Mikroklima reifen die Trauben dort sehr langsam bis in den späten Herbst – ideal für gehaltvolle Rieslinge und Süßweine. Schon Ende des 19. Jahrhunderts wurden Gräfenberg-Rieslinge aus dem Hause Dr. Weil an den Tafeln der europäischen Königs- und Kaiserhäuser getrunken, sie standen auf der Weinkarte des Hotels Adlon in Berlin und wurden in Grandhotels in St. Petersburg, Wien, Berlin, London und Paris ausgeschenkt. Im Jahr 1928 war bei der Jungfernfahrt des Luftschiffs LZ 127 Graf Zeppelin nach New York die 1920er Kiedricher Gräfenberg Trockenbeerenauslese Bestes Fass Nr. 20 mit an Bord.

Nach dem Zweiten Weltkrieg hatten deutsche Spitzenweine, wie alles Deutsche, im Ausland verständlicherweise kein besonders gutes Image. Die Leute hatten zum Großteil auch andere Bedürfnisse und Sorgen als den Konsum teurer Weine. Erst seit der Jahrtausendwende werden einige deutsche Weine wieder unter den besten der Welt gelistet, vor allem Rieslinge aus dem Rheingau und von der Mosel. Das Weingut Robert Weil hat wesentlichen Anteil an diesem Aufstieg. „Es ist eine Aufgabe der Gegenwart, Genuss und gesunden Patriotismus zu verbinden", findet Wilhelm Weil, „das halte ich für sehr wichtig."

Und das funktioniert aus seiner Sicht nur über Qualität, nicht über Quantität. Auf 90 Hektar baut Weil ausschließlich Riesling an, mit umweltschonenden Methoden und minimalen Eingriffen in die Prozesse der Gärung und Reifung. „Das ist kontrolliertes Nichtstun", sagt Wilhelm Weil mit gekonntem Understatement, „wir lassen der Natur möglichst ihren Lauf." Das kontrollierte Nichtstun hat Weil so perfektioniert, dass die Jahrgänge meist ruckzuck ausverkauft sind, sobald sie auf den Markt kommen. 800.000 Flaschen produziert das Weingut jährlich; damit gehört Weil nicht zur Weinindustrie, es handelt sich eher um eine kunsthandwerkliche Manufaktur. Bevor er 1987 das Weingut von seinem Vater übernahm, hatte Wilhelm Weil in Geisenheim Önologie und BWL studiert und sich bei anderen Spitzenwinzern umgeschaut. Er ist mit drei jüngeren Geschwistern aufgewachsen, seine Schwester wurde Modedesignerin, die beiden Brüder sind Investmentbanker. Als sein Vater krank wurde und starb, war er gerade einmal 26. Das Vermögen der Familie war damals fast aufgebraucht, der Vater entschied vor seinem Tod, das Weingut an den japanischen Konzern Santori zu verkaufen.

Mit weitsichtigen Investitionen in Keller und Weinberg und mit der Einführung des tiffanyblauen Etiketts hat es der Urenkel des Gründers geschafft, dem Weil-Riesling zu weltweiter Aufmerksamkeit zu verhelfen. Den großen Namen seiner Vorväter empfand er anfangs als große Bürde, später wandelte er dann das schwere Erbe in eine eigene Erfolgsgeschichte um. Die gelungene Verbindung von Tradition und Moderne drückt sich aber nicht nur architektonisch aus, sondern auch inhaltlich in seiner Zukunftsstrategie: Weil plant ein Weinarchiv, ein unterirdisches Lager im Weinberg, wo er einen kleinen Teil der Großen Gewächse einlagern und erst nach einigen Jahren auf den Markt bringen will.

Die Chefs des Weinguts Weil hießen immer abwechselnd Robert und Wilhelm. Wilhelm Weils Sohn heißt wieder Robert, er ist 25, hat BWL studiert und will eine Winzerlehre machen. Möglicherweise wird er eines Tages den Betrieb übernehmen, vielleicht steigt auch Weils Tochter Marie-Charlotte, 29, in die Firma ein. „Im Denken und Tun sind wir ein Familienbetrieb geblieben", sagt Wilhelm Weil. Die Angestellten bleiben sehr lange. Ein gutes Zeichen! Die älteste Mitarbeiterin ist eben mit 89 Jahren in Rente gegangen.

AUSGESCHENKT WELTWEIT

SINGAPUR	TAIWAN	USA	USA
– Atlas	– A Cut Steakhouse	– Buddakan	– Nobu
www.atlasbar.sg	www.ambassador-hotels.com	www.buddakannyc.com	www.noburestaurants.com

Weitblick und Feingefühl: Mit geschickten Investitionen in Keller und Weinberg und mit der Einführung des tiffany-blauen Etiketts hat es der Ur-enkel des Gründers geschafft, dem Weil-Riesling zu weltweiter Aufmerksamkeit zu verhelfen.

Weingut Robert Weil

197

VERKOSTUNGSNOTIZEN

2015 KIEDRICH KLOSTERBERG RIESLING, TROCKEN

Der 2015er-Klosterberg zeigt einen reifen, stoffigen Charakter. Er ist gehaltvoll, aber entsprechend seiner Herkunft aus einer Cool-Climate-Höhenlage auch mit Zug und elegant-verspieltem, langem Finale versehen.

2016 KIEDRICH TURMBERG RIESLING, TROCKEN

Der Jahrgang 2016 vom Turmberg sticht durch präsente, klare Mineralik, hohe Eleganz und viel animierenden Zug im Finale hervor.

2013 KIEDRICH GRÄFENBERG RIESLING, TROCKEN

In der Probe zeigt sich der Jahrgang 2013 des Großen Gewächses ganz als Klassiker mit einer bezaubernden Symbiose aus mineralisch geprägter Eleganz mit viel Substanz und Fantasie. Er steht somit für das hohe Reifepotenzial der trockenen Gräfenberg-Rieslinge, die über Jahrzehnte reifen können.

2004 KIEDRICH GRÄFENBERG RIESLING AUSLESE VDP. GROSSE LAGE

Immer noch jugendlich mit frischen Zitrusfruchtaromen und einer ungemein harmonischen Süße-Säure-Spannung zeigt sich die 2004er-Auslese – ein Langstreckenläufer, der weiter über viele Jahrzehnte reifen kann.

Loic Avril

Sommelier im Restaurant Lucas, Melbourne

Robert Weils Rheingau-Weine gehören zu den weltweit meistgeschätzten deutschen Rieslingen. Rund um den Ort Kiedrich erstrecken sich Weils Südhang-Lagen hoch oben in den Ausläufern des Taunus. Die Entscheidung, nur Riesling zu produzieren, beschert dem Weingut seit 1875 große Aufmerksamkeit in der Weinwelt; das Weingut ist bis heute Symbol für deutsche Riesling-Kultur. Die Rieslinge des Rheingaus sind von ihren Böden geprägt und körperreicher als etwa die der Mosel und zeigen mehr Eleganz und Dichte.

Weingut Robert Weil

Silvaner

Lange wurde er als „Spargel-" oder sogar als „Vesperwein" weit unter Wert gehandelt, aber diesem einschränkenden Image ist der Silvaner längst entwachsen. Er ist ein stiller Star der Weinberge, keiner, der sein Potenzial laut in die Welt hinausschreit, sondern vielmehr einer, der seine Fans auf leisen Sohlen gewinnt. Mit seinem dezenten Aroma und der zurückhaltenden Säure ist er bei Tisch ein perfekter Begleiter. Was sich nicht verändert hat, ist seine Heimat: Der Silvaner ist nach wie vor ein typisch fränkischer Wein. Und deshalb verwundert es auch überhaupt nicht, dass gleich neun der auf den folgenden Seiten vorgestellten Top-Ten-Silvaner von dort kommen.

STIFTUNG SEIT 1316

BÜRGERSPITAL
W Ü R Z B U R G

2019
STEIN-HARFE
Silvaner

GG

FRANKEN

CASTELL

SCHLOSSBERG 1ᵂ
SILVANER

2008

GG

Juliusspital
2018
WÜRZBURGER STEIN
SILVANER GG

A
✳ ✳ ✳
FÜRSTLICHER
KALLMUTH

FÜRST LÖWENSTEIN

2019 WÜRZBURGER STEIN-HARFE
Weingut Bürgerspital zum Heiligen Geist, Franken

DER WEIN Mit dem diagonal verlaufenden Rotkreuz-steg und den Rebzeilen erinnert der Weinberg von Würzburg aus betrachtet optisch tatsächlich an eine Harfe. Und so dezent und fein wie deren Klänge kommt auch der Silvaner daher: weich, salzig-mineralisch und duftig mit Aromen von Apfel und Aprikose. Ein Star, der auf leisen Sohlen die Hall of Fame der Silvaner betritt.

DAS GUT Seit mehr als 700 Jahren vereint das Bürgerspital zum Heiligen Geist im Herzen von Würzburg Stiftungspflichten und Weinkultur. Und das Weingut gehört nicht nur der Rebfläche von 120 Hektar wegen zu den Großen in Franken. Zu empfehlen ist auch eine Kellerführung, denn dort lagert mit dem Steinwein aus 1540 der älteste Weißwein der Welt.

www.buergerspital.de

2008 SCHLOSSBERG
Fürstlich Castell'sches Domänenamt, Franken

DER WEIN In dieser großen Lage, die nach dem Stammsitz des Hauses Castell benannt ist, wurzeln die Reben tief im Urgestein, was eine deutlich spürbare Mineralität mit sich bringt. Hier entstehen ungemein balancierte und langlebige Silvaner, wie auch dieser 2008er mit seiner weichen Fülle und aromatischen Würze eindrucksvoll beweist.

DAS GUT Castell und Silvaner gehören einfach zusammen, denn hier wurde im Jahr 1659 der erste Silvaner gepflanzt. Weil ihn Zisterziensermönche aus dem Nachbarland mitbrachten, hieß er lange Zeit auch „Österreicher". Um die Eigenständigkeit dieser Rebe optimal zum Ausdruck zu bringen, entschied man sich auf Castell, die Großen Gewächse erst fünf Jahre nach der Ernte auf den Markt zu bringen – natürlich auch, um deren Reifepotenzial zu zeigen.

www.castell.de

2018 WÜRZBURGER STEIN
Weingut Juliusspital, Franken

DER WEIN Diese Lage ist natürlich immer auch ein Auftrag: Was am Würzburger Stein, der berühmtesten Lage Frankens, wächst, darf nicht einfach nur gut sein, es muss außergewöhnlich werden. Dieses Große Gewächs erfüllt das mit Bravour. Hier liegt ein druck- und kraftvoller Wein mit weitgefächertem Bouquet und gut integrierter Säure vor, der sich ungemein harmonisch präsentiert und bestes Reifepotenzial verspricht.

DAS GUT Das Weingut Juliusspital mitten in Würzburg ist mit 180 Hektar Rebfläche das zweitgrößte in Deutschland – und besonders stolz darauf, das größte Silvanergut zu sein. 40 Prozent der enormen Fläche stehen für diese Rebsorte zur Verfügung. Und die Gewächse aus dem Würzburger Stein sind natürlich die Aushängeschilder des Guts.

www.juliusspital-weingut.de

2018 KALLMUTH „ASPHODILL"
Weingut Fürst Löwenstein, Franken

DER WEIN Einen Weinberg unter Denkmalschutz findet man auch nicht alle Tage, aber der spektakulär terrassierte Homburger Kallmuth mit seinen Trockensteinmauern ist das seit 1981. Aus den besten Trauben seiner Silvaner-Reben entsteht auch der „Asphodill", ein im positiven Sinne einnehmender, komplexer Wein mit großer Ausstrahlung, floral in der Jugend und mit nahezu unergründlichem Tiefgang in der Reife.

DAS GUT Das Haus Löwenstein, das auch im Rheingau ein Weingut betreibt, blickt auf eine über 400-jährige Weinbautradition zurück. Am Main geht es dem seit 2016 für Weinberg und Keller verantwortlichen Önologen Peter Arnold in erster Linie darum, aus der Einzigartigkeit des Kallmuth, der wie ein Amphitheater wirkt, ebenso einzigartige wie langlebige Weine hervorzubringen.

www.loewenstein-wein.de

Silvaner

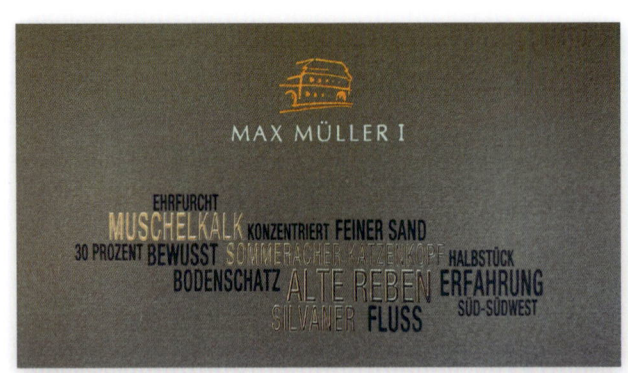

2019 SOMMERACHER KATZENKOPF „ALTE REBEN"
Max Müller I, Franken

DER WEIN Dieser „Alte Reben"-Silvaner aus der Einzellage Sommeracher Katzenkopf zählt Jahr für Jahr zu den besten Weinen dieses Weinguts und der gesamten Weinregion. Er schafft das Kunststück, einerseits ein regionaltypischer fränkischer Silvaner zu sein, aber gleichzeitig mit der konzentrierten Frucht der alten Rebstöcke, der schlanken Mineralik des Muschelkalkbodens und dem dezenten Holzfasseinsatz sehr individuell zu bleiben.

DAS GUT Die Müllers bezeichnen sich selbst als „Weinfreaks" – und zwar in dem Sinn, dass sie ihre Sache zum Lebensinhalt gemacht haben. „Main. Silvaner.Rockt" hat Juniorchef Christian Müller auf seinem Unterarm tätowiert – und das sagt so ziemlich alles aus: Heimatverbundenheit, die Liebe zum Silvaner und die „freakige" Power, immer wieder Neues zu probieren.

www.max-mueller.de

2019 AM LUMPEN 1655
Rainer Sauer, Franken

DER WEIN Schon Johann Wolfgang von Goethe ließ sich Wein von dort kommen, und bis heute ist die Lage Escherndorfer Lump eine der herausragendsten in Franken. Das kann auch dieser Silvaner für sich in Anspruch nehmen, der sich mit verhaltener Frucht, aber klarer Struktur ungemein elegant und fein, ja, fast nobel zeigt. Beinahe wäre man versucht zu sagen: ein Wein für Dichter.

DAS GUT In kaum einem anderen Weingut ist der Silvaner so dominant wie bei Rainer Sauer. 61 Prozent der Rebflächen des Weinguts, in dem Sohn Daniel als Kellermeister brilliert, sind dieser Traube gewidmet. Aber die Sauers produzieren nicht nur viel Silvaner, sondern vor allem viel erstklassigen Silvaner – speziell mit den Trauben aus der Lage Escherndorfer Lump.

www.weingut-rainer-sauer.de

2018 SONNENSTUHL „FASS 500"
Winzerhof Stahl, Franken

DER WEIN Der Sonnenstuhl ist eine Steillage in Randersacker, und dort besitzt Christian Stahl eine besonders exponierte Parzelle. Der „Fass 500" ist ein markanter, ausladender Silvaner, der sich am Gaumen dicht und gut ausbalanciert präsentiert. Durch den Ausbau im großen Holzfass wird auch noch eine leichte Wacholder-Aromatik spürbar.

DAS GUT Natürliche und ehrliche Weine will Christian Stahl produzieren – „immer mit Herz bis zum Kern", wie er selbst sagt. Das gelingt dem Winzer aus Auernhofen auch Jahr für Jahr sehr gut. Und weil seine Weine ehrlich sein dürfen, sind sie mal feingliedrig, mal komplex, mal präzise pointiert und dann wieder ein wenig geheimnisvoll – aber immer mit Herz und Charme, so wie ihr Schöpfer.

www.winzerhof-stahl.de

2016 STEIN STETTEN
Weingut am Stein, Franken

DER WEIN Der Stettener Stein zählt zu den spannendsten Weinlagen Frankens. Er liegt wie ein Hohlspiegel 80 Meter über dem Main in einem halbkreisförmigen Bergeinschnitt. So spannend wie diese Lage ist auch der gleichnamige Silvaner, der sich üppig und würzig präsentiert, dabei aber trotzdem schlank und klar bleibt.

DAS GUT Und weil wir schon bei spannend sind: Spannend ist auch der Chef des Weinguts, Ludwig Knoll, der längst auf biologisch-dynamischen Weinbau umgestellt hat und seine Weine liebevoll „Individualisten mit einer guten Seele" nennt. Ein Individualist ist er auch selbst, experimentiert er doch im Keller auch schon einmal mit Beton-Ei und Amphoren.

www.weingut-am-stein.de

2019 PROBSTEY
Weingut Thörle, Rheinhessen

DER WEIN Dieser Wein kann seine Herkunft von den kargen Kalkböden des rheinhessischen Hügellands nicht verbergen. Knochentrocken und mit salzig-mineralischem Finale, dem der Ausbau in 500-Liter-Holzfässern noch rauchige Röstaromen beigefügt hat, ist er eher ein Wein für beschauliche Momente und weniger etwas für die schnelle Liebe auf den ersten Schluck.

DAS GUT Die Brüder Johannes und Christoph Thörle, die das Weingut 2006 von ihren Eltern übernommen haben, haben dieses komplett modernisiert – und dabei auch gleich auf ökologischen Weinbau umgestellt. Der Fokus ihrer Arbeit, mit dem sie ihr Weingut an der Spitze etablieren wollen, liegt auf den klassischen Rebsorten Riesling und Silvaner sowie den Burgundern.

www.thoerle-wein.de

2018 IPHÖFER JULIUS-ECHTER-BERG
Hans Wirsching, Franken

DER WEIN Mit dem Julius-Echter-Berg verfügt das Weingut über eine einzigartig exponierte Spitzenlage, aus der tiefgründige wie auch verspielt-aromatische Weine kommen. So wie dieser, der mit feiner Kräuterwürze und großer Substanz eindrucksvoll demonstriert, was für einen prächtigen Wein man aus der fränkischsten aller Rebsorten produzieren kann.

DAS GUT Seit bald 400 Jahren ist die Familie Wirsching dem Weinbau und damit auch dem Silvaner verbunden. Der Seniorchef, Dr. Heinrich Wirsching, gilt als Grandseigneur der fränkischen Weinszene. Die Geschicke am Weingut leiten inzwischen aber seine Töchter Andrea und Lena, mit denen sich eines nicht geändert hat: In einem Bocksbeutel, auf dem Wirsching steht, ist stets ein großer fränkischer Wein.

www.wirsching.de

Ein ultimativer Begleiter

Bereits seit mehr als 360 Jahren ist Silvaner bei uns heimisch. Wie urkundlich bestätigt, wurden die ersten „Österreicher" (so die damalige Sortenbezeichnung der Reben, die aus der Steiermark zu uns kamen) bereits 1659 in den Weinbergen des heutigen VDP-Weinguts Schloss Castell gepflanzt. Und obwohl wir in Deutschland, was Fläche und Typenvielfalt angeht, dank vieler engagierter Winzerinnen und Winzer beim Silvaner weltweit führend sind, ist er bei uns eine der am meisten verkannten und unterschätzten Rebsorten. Das gilt es zu ändern!

Silvaner ist ehrlich. Er ist nicht laut und besticht nicht durch überbordende Fruchtaromen oder eine gefällige Art. Silvaner ist und will nicht jedermanns Liebling sein. Und das ist gut so. Er spricht offen über seine Herkunft, gibt den Boden wieder, auf dem er gewachsen ist – mal fruchtig vom Muschelkalk, mal würzig und kräuterig vom Keuper. In der Jugend ist er durchaus etwas schüchtern, straff und fordernd. Seine wahre Größe offenbart er erst im Alter, zeigt sich dann würzig, kraftvoll, lang und vielschichtig. Und altern kann er hervorragend! Jeder einzelne der hier aufgelisteten Weine beweist das. Es sind allesamt beachtliche Persönlichkeiten der Weinwelt. Aber das schreien sie nicht heraus, sie halten sich bedeckt, ziehen einen aber in ihren Bann, sobald man sie im Glas hat. Sie können fordernd sein, polarisieren – und das ist wunderbar. Jeder Schluck erzählt einen neuen Teil der Erdgeschichte: von Eiszeiten und Urmeeren, von Dinosauriern und Austern, von Erdbeben und Kontinenten, die sich verschoben haben. Hinter diesen Meisterwerken der Natur stehen aber auch Winzerinnen und Winzer, Menschen, die es verstehen, ihr zuzuhören und die die Kunst beherrschen, diese Geschichte ungeschminkt auf die Flasche zu bringen.

Das alles macht den Silvaner zum ultimativen Speisenbegleiter. Er pariert bravourös die Bitterstoffe von Artischocken, ja, sogar zu Matjes passt er. Und natürlich wäre da der Spargel. Keine Spargelsaison ohne Silvaner! Aber bitte nicht die alljährlich exzessiv beworbenen Gutssilvaner. Die können wunderbar zu einem Spargel-Kräutersalat sein, aber sind wir beim Klassiker mit Sauce hollandaise oder auch einem buttrigen Wiener Kalbsschnitzel, verlangt es nach Kraft und Komplexität. Hier sind Erste und Große Gewächse gefragt. Ob pochierter Rheinwaller im Kräutersud, gebratener Rücken vom Reh aus dem Steigerwald mit Pfifferlingen oder Mainzander im Speckmantel auf Linsen, Silvaner in all seiner Vielfalt ist die Antwort! Er führt wie kaum eine andere Rebsorte durch ein ganzes Menü und zeigt sich dabei immer wieder von einer anderen Seite. In seiner Vielschichtigkeit und mit seinen Reifearomen passt er im Alter hervorragend zu verschiedensten Gerichten, mal umschmeichelt er, mal hebt er das Essen, und dann wieder setzt er Kontraste. Es ist wie bei uns Menschen: Während wir in der Jugend oft ungestüm und direkt sind, vielleicht provozieren, werden wir doch im Laufe unseres Lebens etwas bedachter und toleranter und können uns besser einfügen.

Es ist Zeit für mehr große Silvaner im Glas und vor allem zum Essen!

Andreas Lutz ist seit 2011 Sommelier und Gastgeber in Vincent Klinks Restaurant Wielandshöhe in Stuttgart.

Sekte

Ein Wein für einen besonderen Anlass? Keine Frage: Es wird ein Schaumwein sein. Genussvolle Abende beginnen mit ihm, neue Jahre, aber auch Ehen, Unternehmen oder Transatlantikpassagen. Ohne Schaumwein kein Fest, das diesen Namen verdient hätte. Umso schöner zu sehen, dass sich der deutsche Sekt längst aus einer doch eher belanglosen Vergangenheit herausgelöst hat und in einer glänzenden Gegenwart gleichberechtigt mit den großen Schaumweinen der Welt dasteht.

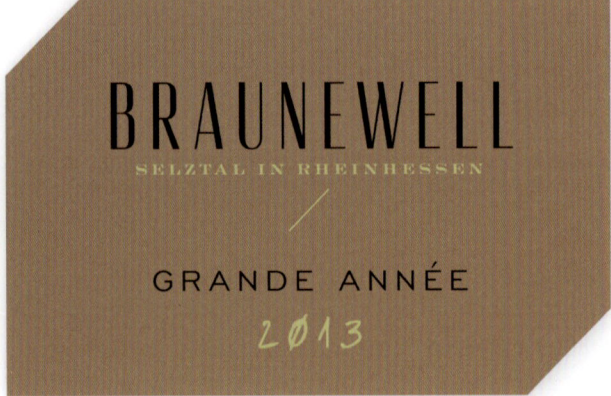

2009 „DECADE" RIESLING BRUT NATURE
Wein- und Sektgut Bamberger, Nahe

DER WEIN Die Dekade, die dieser herausragende Nahe-Sekt im Namen trägt, bezieht sich natürlich auf die Zeit, die Wein und Hefe miteinander verbringen durften. Solcherlei Geduld zahlt sich aus, aber nur dann, wenn die Grundweine Großes ermöglichen. Das tun sie hier, und so erzählt auch der Sekt von einem herrlichen Jahrzehnt und vom Glück des Miteinander-Reifen-Dürfens.

DAS GUT Die Vielfalt des Weinbaugebiets Nahe lässt Heiko Bamberger auch noch nach Jahren als hier ansässiger Winzer ins Schwärmen geraten. Seinen Weinen lässt er diesen naturgegebenen Variantenreichtum. Sie dürfen eigenwillig sein, wenn sie es sein wollen; und auch Ecken und Kanten sind im Sinne des Erfinders. Die Sektherstellung ist für Heiko und Ute Bamberger mehr als nur eine Sortimentsergänzung. Sie ist echte Leidenschaft und womöglich sogar der Kern ihres Schaffens.

www.weingut-bamberger.de

2014 SCHÜTZENHAUS RIESLING BRUT NATURE
Wein- und Sektgut Barth, Rheingau

DER WEIN Eine wohltuende Dosis Sahnekaramell in der Nase, dazu Quitte und Haselnuss, dann aber auch glasklare Struktur und Steinobstaromen am Gaumen – was diesen herausragenden Lagensekt unter anderem auszeichnet, ist seine Nähe zur Rebsorte: Der Riesling ist hier – auch nach 60 Monaten auf der Hefe – immer noch klar als solcher erkennbar. Und das ist gut so.

DAS GUT In Eltville, wo der Rhein sich zu seiner vollen Größe aufbaut, wird schon seit Längerem an einer großen, eigenen Schaumwein-Tradition gearbeitet, und zwar maßgeblich vom Wein- und Sektgut Barth. Mark Barth leitet den Betrieb heute in dritter Generation und mit der Ambition, rebsorten- und lagenspezifische Winzersekte zu produzieren, die es mit den großen Schaumweinen dieser Welt aufnehmen können.

www.weingut-barth.de

2013 CHARDONNAY „GRANDE ANNÉE" BRUT NATURE
Weingut Braunewell, Rheinhessen

DER WEIN Birne, süßliches Holz, erfrischende Säure, eine angenehm kühle Brut Nature vom sortengerecht behandelten Chardonnay, in der dann auch noch die klassischen Brioche-Noten durchtönen, aber auch reife Calvados-Anklänge. Ein sehr erwachsener Sekt.

DAS GUT Ein Familienbetrieb im allerwahrsten Sinne des Wortes: In Essenheim im Selztal sind neben den Protagonisten Axel (Weingärten), Stefan (Verkauf, Keller) und Christian Braunewell (Kellermeister) Familienmitglieder aus drei Generationen engagiert; und nach der jüngsten Großrenovierung tun sie das auch in einer sehr zeitgemäßen Umgebung.

www.braunewell-wein.de

2012 PINOT NOIR „BLANC DE NOIRS" BRUT NATURE
Sekthaus Burkhardt Schür, Franken

DER WEIN Weiß gepresster Pinot Noir aus zwei sehr verschiedenen Lagen (einmal Buntsandstein, einmal Gneis), 72-monatiges Hefelager, ohne Dosage verkorkt, in der Nase getreidige Anklänge, Steinobst, dann auch rote Früchte – zusammen ergibt das einen ziemlich eigensinnigen Charakter. Und, ganz ehrlich: Was will man von einem Schaumwein mehr?

DAS GUT Laura Burkhardt und Sebastian Schür sind mit der Vision angetreten, in Bürgstadt edelste Schaumweine nach dem Vorbild der Champagne zu keltern. Und was soll man sagen? Es gelingt.

www.burkhardtschuer.de

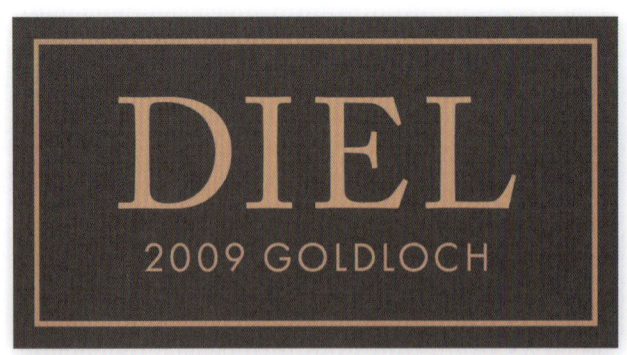

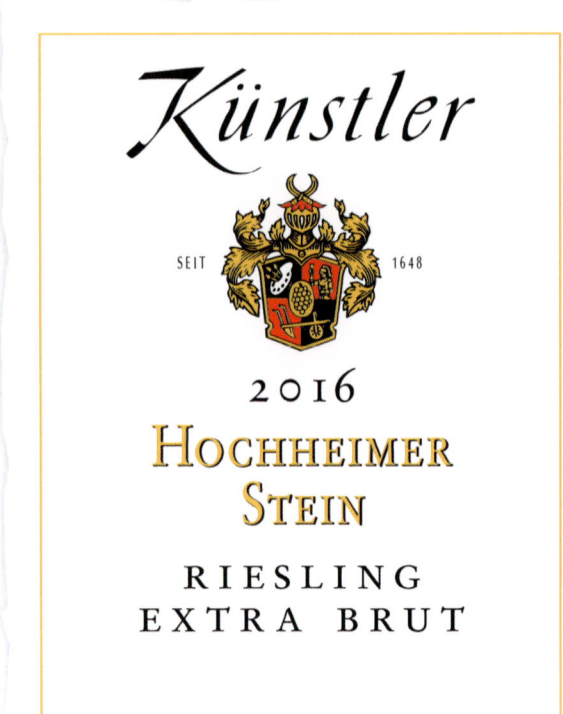

2009 DORSHEIM GOLDLOCH RIESLING EXTRA BRUT
Schlossgut Diel, Nahe

DER WEIN Ja, auch das kann Riesling sein: eine Komposition aus saftiger Frucht und feinen Hefenoten mit Anklängen von Grapefruit und grünen Haselnüssen; und zwischen den gut vertäuten Bitternoten wird eine wunderbar harmonische Reife fassbar, die auf feinem Mousseux in höchste Höhen steigt.

DAS GUT Unter der prägenden Leitung von Caroline Diel, die in siebter Generation als erste Frau in der vordersten Reihe des Weinguts steht, entstehen auf Burg Layen Rieslinge von großem Format. Mit ihrem Kellermeister Christoph Friedrich versektet die diplomierte Önologin einen Teil ihrer Riesling-Schätze aber auch zu großem Schaumwein.

www.diel.eu

2016 CHARDONNAY „PRESTIGE" BRUT NATURE
Griesel & Compagnie, Hessische Bergstraße

DER WEIN Limitierte Serie, langes Hefelager (ein Jahr im Fass, drei weitere in der Flasche), fantastisches Ergebnis: Dieser Brut Nature hält lange an, hat eine präsente Rauchigkeit, die sich gut mit der feinen Perlage versteht; in der Nase Birne und Apfelkompott, am Gaumen aber auch herbere Noten – tolles Gesamtpaket.

DAS GUT Pioniergeist an der Hessischen Bergstraße: Nachdem die Hessischen Staatsweingüter die Bensheimer Innenstadt verlassen hatten, stießen Jürgen Streit und Petra Greißl-Streit (zusammen mit Betriebsleiter Niko Brandner und Kellermeisterin Rachele Crosara) an historischer Stätte ein beherztes Projekt an, nämlich, die erste echte Sektmanufaktur der Region aufzubauen. Das war 2013 – und heute ist der Betrieb aus Bensheim nicht mehr wegzudenken.

www.griesel-sekt.de

2016 HOCHHEIMER STEIN RIESLING EXTRA BRUT
Weingut Künstler, Rheingau

DER WEIN Der Fokus auf Jahrgangs- und Lagentypizität ist im deutschen Sektanbau immer noch eine seltene Qualität, weil schwierig und aufwendig. Jetzt ist aber Gunter Künstler einer, der keine Mühen scheut, und handwerklich macht ihm ohnehin niemand etwas vor. Das Ergebnis im konkreten Fall: ein Rieslingsekt von großer Eleganz, mit schöner Würze und verspielter Frucht, mit reifem Apfel, zarten Limonen-Noten und Biskuit.

DAS GUT In Hochheim im Oberen Rheingau weiß man bei Gunter Künstler seit 1992: nomen est omen. Nach der Pionierarbeit seines Vaters Franz hat er – seit 2004 mit dem kongenialen Kellermeister Rolf Schregel – das Gut an die Spitze des deutschen Weinbaus geführt. Kunst kommt hier von Keltern.

www.weingut-kuenstler.de

2009 „ONE OF 500" RIESLING BRUT
Weingut Leitz, Rheingau

DER WEIN Ein Sekt, der ohne Umschweife begeistert: opulent und sehr rund, ein reifer Wein auf der Höhe seines Wirkens. Die Grundweine aus dem Jahrgang 2009 wurden nach nicht weniger als 96 Monaten auf der Hefe mit einer Dosage vom 2016 Riesling Berg Kaisersteinfels verkorkt, einem der großen Leitz-Rieslinge. Das Ergebnis: ein großer Leitz-Sekt.

DAS GUT Was bei anderen Generationen dauert, ging in Rüdesheim deutlich flotter: Innerhalb weniger Jahre hat Johannes Leitz aus einem Geheimtipp ein international renommiertes Weingut gemacht – und nicht zuletzt auch einen quantitativ großen Betrieb. Im Sortenspiel hat der Winzer sich voll und ganz dem Riesling verschrieben und dabei die schöne Tendenz, alles ganz, ganz richtig zu machen.

www.leitz-wein.de

Sekte

RIESLING BRUT
Schlossgut Liebieg, Mosel

DER WEIN Ein famoser Sekt mit Fruchtaromen, unter denen man Äpfel nicht mit Birnen verwechseln wird, auch wenn beide hier miteinander Ringelreihen tanzen. Am Gaumen gerät er durchaus cremig und wird weiter getragen von einer nicht zu rasanten Kohlensäure und kühleren Aromen, die an die Schieferterrassen erinnern mögen, auf denen dieser Wein seinen Ursprung hat.

DAS GUT Nicht weniger als 180 Flusskilometer umspannt das Weinberg-Portfolio des Liebieg'schen Schlossgutleiters Bernhard Kirsten, insgesamt 27 Hektar Weingärten in Steil- und Steilstlagen. Das ist natürlich eine Herausforderung an Arbeitsökonomie und Weingutlogistik; Kirsten meistert sie mit dem Ehrgeiz eines Mannes, dem der Wein das Wichtigste ist – eine Leidenschaft, die sich lohnt.

www.schlossgut-liebieg.de

2014 RIESLING ROTHENBERG BRUT
Weingüter Wegeler / Gutshaus Rheingau, Rheingau

DER WEIN Dieser Rieslingsekt überfällt einen nicht mit dem ersten Schluck, er hat genug Selbstbewusstsein mit auf die Flasche bekommen, um sich genüsslich zu entfalten, in dem Wissen, dass die, die ihn genießen, an dieser Entwicklung gerne teilhaben wollen. Und so entwickeln sich neben der frischen Riesling-Charakteristik auch dunkle, reife Noten, schwarzer Tee und sanft salzige Consommé, darunter steht ein feines Säuregerüst. Fantastisch.

DAS GUT Doppelt hält besser: Die beiden Gutshäuser der Familie Wegeler – eines an der Mosel, eines am Rhein – machen seit Jahrzehnten sozusagen im Gleichklang Musik, soll heißen famose Lagen-Rieslinge mit langjähriger Perspektive. Die Schätze aus den Gutskellern sind auch ein Versprechen für die Zukunft. Doppelt hält länger.

www.wegeler.com

Perlenglanz & Gloria

Deutschland und Sekt, das ist eine innige Verbindung. Wir Deutsche sind mit fast dreieinhalb Litern pro Kopf und Jahr die Weltmeister im Konsum von Schaumwein und mit einer Produktion von 260 Millionen Litern Dritter hinter Frankreich (350 Liter) und Italien (320 Liter). Doch halt! Was ist deutscher Sekt überhaupt? Leider irgendetwas. Denn so deklarierter Schaumwein muss nicht von in Deutschland gekelterten Trauben stammen, sondern darf aus Grundweinen jeglicher Provenienz hergestellt werden. Nicht zuletzt dadurch erklärt sich, dass im Supermarkt eine Flasche Sekt für 2,99 Euro angeboten werden kann, obwohl 1,02 Euro Sektsteuer bereits eingepreist sind. Das ist eine Seite der Medaille.

Doch es gibt auch die andere Seite, deren Glanz beständig zunimmt: edler Schaumwein, den Sekthäuser, Weingüter sowie einzelne Genossenschaften mittels Flaschengärung aus Trauben mit Herkunft produzieren – das deutsche Pendant zu Champagner, Cremant und Spumante Metodo Classico. Es sind große Worte, aber zutreffend: Wir können aktuell ein deutsches Sektwunder beobachten; aus der Taufe gehoben von Pionieren wie Volker Raumland und Gert Aldinger und angeschoben von Könnern und Enthusiasten, die gelernt haben, dass Trauben für Sekt andere sein müssen als für klassischen Stillwein und dass es eben nicht funktioniert, einen beliebigen, wenn auch guten Wein zu Sekt zu machen. Im Ausland werden deutsche Spitzenqualitäten bereits euphorisch gefeiert, in Japan ebenso wie in Italien.

Mindestens neun und bis zu rekordverdächtige 140 Monate reifen diese neuen Schäumer in der Flasche. So entstehen eine komplexe Aromatik jenseits jugendlicher Frucht und eine feine Perlage – Spitzenqualitäten, die ihre Herkunft nicht verheimlichen und ganz oben in der Welt der Schaumweine mitspielen. Chardonnay und Spätburgunder sind als Rebsorten für diese Sekte gesetzt, doch König Riesling trumpft mittlerweile mächtig auf. Und das, obwohl er als heikel für die Sektherstellung gilt. Die Grundweine dürfen keinesfalls zu viel Säure mitbringen, zu viel Zucker in den Beeren ist auch nicht erwünscht, denn das Ausgangsmaterial für die Flaschengärung soll schlank und lebendig sein. Umso mehr Lob muss man den Sektmachern zollen, die diese feine Balance mit Riesling in die Flasche respektive ins Glas bringen.

Das deutsche Sektwunder hebt gerade erst ab, immer mehr Produzenten erkennen, welches Potenzial im deutschen Schaumwein schlummert, dabei steckt das Thema Sekt als Essenbegleiter in der hiesigen Genusskultur noch nicht mal in den Kinderschuhen. Unbestritten ist ein feiner Schäumer der Aperitif par excellence, doch es geht eben noch viel mehr – wenn es sein soll, dann sogar durch das ganze Menü. Wirklich trockener Sekt („brut", „extra brut", „brut nature" bzw. „zero dosage") mit langer Reife begleitet nicht nur die klassischen Austern, sondern auch kalte Terrinen, Vorspeisen und Hauptgerichte mit Fisch ebenso wie mit hellem Fleisch. Und wenn er zu üppigem Weichkäse genossen wird, kann man hin und wieder sogar kleine Freudenschreie hören.

Jossi Loibl machte erste Erfahrungen mit Sekt auf Teenie-Partys – inklusive Chips und Erdnusslocken. Ein mit Champagner aufgegossener Bellini Jahre später blieb ihm unvergesslich, auch wenn er heute das pure Schaumweinvergnügen vorzieht – gerne zu Risotto mit Spargel, der ganz zum Schluss mit einem Schuss Sekt verfeinert wird.

PRICKELN IM BLUT

SEKTHAUS RAUMLAND

INHABER	Volker Raumland
GESCHÄFTSFÜHRUNG	Marie-Luise Raumland
GRÜNDUNG	1984
REBFLÄCHE	11 Hektar
PRODUKTION	70.000 Flaschen
LAGEN	Dalsheimer Bürgel, Frauenberg, Hohen-Sülzer Kirchenstück, Nieder-Flörsheimer Mölsheimer Silberberg
REBSORTEN	Pinot Noir, Chardonnay, Pinot Blanc, Meunier, Riesling

Es macht einen Unterschied, ob man etwas einfach nur produziert oder es auch mit jeder Faser lebt. Volker Raumland gehört definitiv zur zweiten Kategorie und wurde so zur Symbolfigur des deutschen Winzersekts. Er gab das Prickeln im Blut an seine Töchter Marie-Luise und Katharina weiter, die das Sekthaus in Flörsheim-Dalsheim 2020 übernahmen.

Er ist einer der bekanntesten Einwohner der kleinen Gemeinde Flörsheim-Dalsheim und hat – das kann man getrost so sagen – in Deutschland ein Stück Geschichte geschrieben. Aber es brauchte jahrelanges Training, unzählige Kilometer, einen eisernen Willen, die Fähigkeit, sich durchzubeißen, und den langen Atem, über die volle Distanz zu gehen.

Nein, die Rede ist hier nicht von Flörsheim-Dalsheims sportlichem Aushängeschild, dem ehemaligen Triathleten Lothar Leder, der 1996 in Roth bei Nürnberg als erster Mensch der Welt bei einem Ironman die Acht-Stunden-Marke unterbot. Hier geht es um Volker Raumland, den Spross einer Winzerfamilie in der nördlichsten Ecke der Pfalz, der innerhalb von knapp vier Jahrzehnten den unscheinbaren 3100-Einwohner-Ort in der Weinregion Rheinhessen zur heimlichen Hauptstadt des deutschen Sekts gepusht hat.

Was ihn dazu getrieben hat, ist genauso spannend wie die Art, wie er das erreicht hat. Denn nach elterlichem Willen sollte Volker „etwas Gescheites" lernen und tunlichst die Finger vom Weinbau lassen. Was er als folgsamer Sohn zunächst auch tat. Er ließ sich zum Industriekaufmann ausbilden und heuerte bei einem Großkonzern an, wo er, so beschreibt er es heute, „Papier von rechts nach links wälzte, Zahlen addierte und Rechnungen schrieb". Eine Tätigkeit, die ihm ziemlich rasch „blutleer" erschien, so wie ihm auch die Luft im vollklimatisierten Großraumbüro „zu trocken" wurde. Und das darf man durchaus auch metaphorisch verstehen.

Da wollte einer raus, und zwar nicht nur von etwas weg, sondern vor allem zu etwas hin: „Man kommt ja immer wieder zu den Wurzeln, zur Natur und zum Weinberg zurück", sinniert Volker Raumland rückblickend. Für ihn bedeutete das: raus aus dem Büro und rein in den Hörsaal. Gemeinsam mit etlichen Sprösslingen von prominenten Weingütern studierte er in Geisenheim Weinbau und kam recht bald zu der Erkenntnis: „Qualitativ hochwertigen Wein gibt es in Deutschland in Hülle und Fülle – aber Sekt in ähnlicher Wertigkeit kaum. Da ist der Markt an die Großproduzenten vergeben." Damit hatte er – zunächst in der Theorie – seine Nische gefunden.

In der Praxis stand er erst am Start seines persönlichen Triathlons: Handwerk erlernen, Gerätschaft erwerben, Kunden gewinnen. Also legte sich der Mittzwanzi-

ger gehörig ins Zeug und beteiligte sich gleich an einem Schaumweinprojekt der Universität. Jeder, der wollte, konnte 100 Liter eigenen Wein versekten, und in Ermangelung anderer, passenderer Sorten im elterlichen Keller produzierte Volker Raumland zum ersten – und auch einzigen – Mal in seinem Leben einen Müller-Thurgau-Sekt, während sich seine Kollegen an Weißburgunder oder Riesling versuchen konnten. Als die Sekte Trinkreife erlangt hatten, kam es in Geisenheim zu einer Blindverkostung, an der auch die Lehrkräfte teilnahmen. Und dabei landete ausgerechnet jener Sekt mit dem „falschen" Grundwein, Raumlands Müller-Thurgau, auf Platz 1: „Das Handwerkliche hatte mich schon in seinen Bann gezogen, aber das war dann der letzte Motivationsschub, den ich noch gebraucht hatte", erzählt er.

Von da an wurde es abenteuerlich: Volker Raumland investierte und erwarb um 35.000 D-Mark (knapp 18.000 Euro) eine Maschine für seine mobile Sektkellerei, wuchtete diese auf einen Anhänger und tingelte damit durch das ganze Land. Denn auf eine entsprechende Anzeige in einem Weinmagazin, die er geschaltet hatte, meldeten sich schon in den ersten drei Tagen fast 100 interessierte Winzer. Wie früher die Messerschleifer fuhr er von Station zu Station, um bei interessierten Weinbauern Sekt zu machen. „Der Volker kommt und lässt es schäumen", wurde zum geflügelten Satz in diesen Anfangsjahren in den 80ern.

Als er es im Stuttgarter Weingut seines Geisenheimer Studienkollegen Hans-Peter Wöhrwag schäumen ließ, kam gleich noch eine Wallung dazu – und zwar beim Anblick von Wöhrwags Schwester Heide-Rose, die sich schmunzelnd an diese erste prickelnde Begegnung erinnert: „Mein Bruder holte den Sektmann, und dann war's so weit. Ich habe die Sektbar betreut, und plötzlich wollte der Volker nicht mehr heim." Zumindest nicht ohne sie. Also tauchte er immer öfter in Stuttgart auf, auch dann, wenn es gerade nichts zu schäumen gab. Und zwar so lange, bis Heide-Rose einwilligte, Frau Raumland zu werden.

Heute gibt die Tingeltangel-Zeit viele nette und gern erzählte Anekdoten aus der zähen Anfangszeit her, aber diese Jahre und Kilometer bescherten Volker Raumland nicht nur beachtliche Ausdauerwerte auf dem Weg zu seinen Zielen, sondern auch unbezahlbare Erfahrungen durch die Arbeit in verschiedenen Regionen mit unterschiedlichstem Material. Aber es war dann doch Zeit, sess-

Auf der Ladefläche eines Lkw begann die Karriere von Volker Raumland. Aus dem mobilen Sektproduzenten wurde eine Galionsfigur deutschen Winzersekts.

Heide-Rose Raumland entstammt
einem Stuttgarter Weingut, wollte
aber in eine andere berufliche
Richtung gehen – bis es mit Volker
Raumland zu prickeln begann.

Die ältere Tochter Marie-Luise ist seit 2020 Geschäftsführerin des Sekthauses Raumland. Nach vielen Auslandsjahren bringt sie frischen Wind in das Familienunternehmen.

Sekthaus Raumland

> „Natürlich orientieren wir uns bei der Herstellung unserer Sekte am Champagner. Das war immer der Maßstab, den wir angelegt haben – aber nicht als Kopiervorlage, sondern als Qualitätsmerkmal.“
>
> Volker Raumland

haft zu werden, und mit dem Kauf einer kurz vor der Zwangsversteigerung stehenden Villa in Flörsheim-Dalsheim samt vier Hektar Weinbergen legte das Ehepaar Raumland im Jahr 1990 den Grundstein zu seinem Sekthaus. Später kamen noch die sechs Hektar des elterlichen Guts in Bockenheim dazu; und auf dieser Fläche wachsen nun die fünf Rebsorten, aus denen die Grundweine für die Raumland-Sekte entstehen: Chardonnay, Spätburgunder, Weißburgunder, Pinot Meunier und Riesling.

Bis auf Weißburgunder und Riesling sind das die klassischen Champagner-Sorten, und schon allein daran lässt sich erkennen, wohin bei Raumland Sekt die Reise seit jeher geht: „Natürlich orientieren wir uns am Champagner. Das war immer der Maßstab – aber keine Kopiervorlage“, sagt der Firmengründer, der im Dezember 2020 die Geschäftsführung an seine ältere Tochter Marie-Luise übertragen hat, die den Betrieb nun gemeinsam mit ihrer Schwester Katharina leitet – und die einen ebenso schlauen wie sympathischen Weg gefunden hat, Verantwortung zu tragen, ohne diese als Last zu empfinden: „Ich bin so oft gefragt worden, ob meine Schwester und ich uns zutrauen, in den großen Fußstapfen unseres Vaters zu gehen. Wir sind so unfassbar stolz auf das, was unsere Eltern aufgebaut haben, und wir haben das immer mit größtem Respekt behandelt. Aber unser Ziel ist es nicht, in großen Fußstapfen zu gehen, sondern wir wollen daneben eigene erzeugen.“

Ein Ansatz, der auch dem gefällt, der die großen Stapfen erzeugt hat: „Die Jungen denken nachhaltiger und bringen neue Aspekte ein, weil sie sich in der Welt umgesehen haben, bevor sie hierher zurückgekommen sind.“ So studierte die neue Chefin Marie-Luise Weinbau in Montpellier und bereiste während ihres Betriebswirtschaftsstudiums Spanien, Kanada, die Schweiz, Australien und Argentinien. Ihre Schwester Katharina studierte zwar wie der Vater in Geisenheim, absolvierte aber Praktika bei Villion Family Wines in Südafrika, Gusbourne in England und Champagne Lacourte-Godbillon in Frankreich. Und sie beschreibt die Erfahrung aus ihren Wanderjahren so: „Ich war immer auf der Suche nach etwas, das mir besser gefällt, aber ich habe es nie gefunden. Marie-Luise und ich haben alles gesehen und entschieden, dass es nichts Besseres gibt, als uns dem Sekt zu widmen.“

Volker Raumland ist die Freude über diese Entscheidung seiner Töchter anzusehen, denn er weiß, dass deren Ideen für dasselbe Ziel sprudeln, das auch ihn stets angetrieben hat: „Bei der Weltausstellung in Paris 1900 wurde ‚deutscher Champagner‘ getrunken. Wir hatten einmal einen wirklichen Stellenwert, und es geht nicht nur darum, dass seit Versailles der Begriff Champagner streng geschützt ist. Auch was die Qualität betrifft, wurden wir von der Champagne gnadenlos abgehängt.“ Raumland hat im Segment der traditionellen Flaschengärung viel aufgeholt und, so sagen viele, neue Qualitätsmaßstäbe geschaffen. Wenn ihn heute eine Champagner-Koryphäe wie Raphaël Bérêche bittet, ein paar Flaschen von seinem Sekt nach Frankreich mitzubringen, sagt das für Volker Raumland schon etwas aus.

Aber Raumland hat auch die Gewissheit, dass sich seine Töchter auf so etwas nicht ausruhen. Denn Marie-Luise hat den Arbeitsauftrag klar formuliert: „Unsere Aufgabe als neue Generation ist es, den deutschen Sekt auch international vom Image her aufzupolieren. Das ist eine riesige Baustelle, und es kann dauern. Aber wir werden das Schritt für Schritt angehen.“

AUSGESCHENKT WELTWEIT

NORWEGEN	SCHWEIZ	TAIWAN	USA
– Danebu Kongsgård	– Taverne zum Schäfli	– JL Studio	– Spago
www.danebu.no	www.schaefli-wigoltingen.ch	www.jlstudiotw.com	bellagio.mgmresorts.com

Für Katharina Raumland, die mit ihrer Schwester nun die Geschicke lenkt, ist es faszinierend, den Sekt vom ersten Setzjahr bis zur zehn Jahre alten Flasche zu begleiten.

Sekthaus Raumland

VERKOSTUNGSNOTIZEN

2012 XII. TRIUMVIRAT GRANDE CUVÉE BRUT
Eine Cuvée aus den drei klassischen Rebsorten Pinot Noir, Meunier und Chardonnay. Komplex und harmonisch mit feinster Perlage sowie schönen Brioche- und Nussnoten durch das 100 Monate lange Hefelager.
2012 war ein qualitativ hochwertiger Jahrgang mit geringen Erträgen bei den Burgunder-Rebsorten. 100 Prozent gesundes, reifes Lesegut und ein goldener Herbst im September erlaubten es, bis zum 21. September mit der Lese zu warten. Das Ergebnis: eine eher kühlere Frucht gepaart mit gezügeltem Temperament und Eleganz. Auf jeden Fall ist dieser Triumvirat von Langlebigkeit und großer Frische geprägt, besitzt die nötige Fülle, aber auch innere Freiheit.

2011 XI. TRIUMVIRAT GRANDE CUVÉE BRUT
Ein wärmeres Jahr und dadurch auch sehr zugänglich.

2010 X. TRIUMVIRAT GRANDE CUVÉE BRUT
Kühl, weniger säurebetont als 2008, aber dennoch ausdrucksstark.

2009 IX. TRIUMVIRAT GRANDE CUVÉE BRUT
Kräftig und mit etwas stärkerem Fokus auf dem Holzeinsatz.

Marc Almert

Sommelier im Baur au Lac, Zürich

Über Qualitätssprünge von deutschem Sekt zu sprechen, ohne Volker Raumland zu erwähnen? Undenkbar. Nicht nur, weil die Weine als solche grandios sind, sondern auch, weil etliche Winzer gerne betonen, wie umfänglich Volker sein Wissen über die Versektung mit anderen geteilt und so den deutschen Sekt als Gesamtes vorangebracht hat. Aus meiner Sicht sind Raumlands Sekte jene, die man am besten als komplette Menübegleitung und nicht „nur" als Aperitif reichen kann, halten sie doch auch mit kräftigeren Speisen bestens mit.

Sekthaus Raumland

Zuversicht und Kampfgeist im Tal der Tränen

Die Flutwelle vom 14. Juli 2021 veränderte auch das Leben der Winzer an der Ahr. Aber nach der ersten Schockstarre begreifen viele die Katastrophe auch als Chance, um Neues zu entwickeln. Dass dieses Vorwärtsdenken so rasch möglich wurde, ist auch einer beispiellosen Welle der Solidarität und Hilfsbereitschaft zu verdanken.

Zunächst ist es nur eine kleine verkehrstechnische Irritation, weil es doch ganz schön viele gelbe Umleitungsschilder sind, die die Straße in die kleine Gemeinde Altenahr säumen. Wenn sich das Asphaltband dann aber hinunterschlängelt und langsam den Blick auf die Ortschaft freigibt, ist es mit Irritation nicht mehr getan. Da wird das Ortsschild zur Eingangspforte in eine dystopisch anmutende, von Verwüstung ungeheuren Ausmaßes gezeichnete Parallelwelt, in der auch die wenigen durch das Bild huschenden Menschen den Eindruck einer Geisterstadt nicht verwischen können. Zur Hälfte weggerissene Häuser, eine zerstörte Brücke, ein Tunnel, der ins Leere führt, weil dahinter nichts mehr ist, wie es war – all das wirkt nicht mehr wie Bauten, die Schaden genommen haben, sondern wie eine gigantische offene Wunde. Eine, die auf den ersten Eindruck einen Klumpen im Magen macht und die Kehle zuschnürt. Und es erscheint auf geradezu absurde Weise unvorstellbar, dass das jetzt so friedlich plätschernde Flüsschen, das sich durch den Ort schlän-

gelt, all diese Verheerungen angerichtet haben soll: die Ahr, die diesem Tal im Norden von Rheinland-Pfalz ihren Namen gab. Aber jenes Wässerchen, das nun wieder so harmlos daherkommt, nahm in der Nacht von 14. auf 15. Juli 2021 als acht Meter hohe Flutwelle mit ungeheurer Zerstörungskraft 137 Menschen das Leben und Tausenden Haus und Hof.

Unvorstellbar hört sich zunächst auch an, was Lukas Sermann, einer der Shootingstars der deutschen Jungwinzerszene, vor der ausgehöhlten Ruine seines Weinguts erzählt. Nämlich, dass hier, an diesem halb zerstörten Ort, nur zehn Wochen nach der Katastrophe Menschen inmitten der Trümmer gesungen, getanzt und gefeiert haben: „Ich habe ein Weinfest veranstaltet, nicht nur für die vielen Helfer, sondern für uns alle, damit wir nach all dem zumindest ein bisschen Normalität spüren und Spaß haben konnten." 1300 Menschen folgten dieser Einladung und brachten Fröhlichkeit in die Tristesse.

> „Als ich gesehen habe, welchen Zuspruch wir als gesamte Region erfahren haben, konnte ich diese Katastrophe auch als Chance für uns begreifen, um etwas Neues aufzubauen."

Lukas Sermann

Der 31-jährige Sermann ist einer der knapp 50 hauptberuflichen Winzer entlang der Ahr, denen die Flut viel genommen hat – nur nicht die Zuversicht und die Kraft weiterzumachen: „Wir alle kennen Menschen, die in dieser Nacht ihr Leben verloren haben. Diese tragischen Verluste dürfen uns aber nicht den Glauben an die Zukunft nehmen. Als ich gesehen habe, welchen Zuspruch wir als gesamte Region erfahren haben, konnte ich diese Katastrophe auch als Chance für uns begreifen – um nämlich Dinge, die uns schon ewig gestört hatten, über Bord zu werfen und etwas Neues aufzubauen." Eine Ansicht, die auch Spitzenwinzer Marc Adeneuer vom anderen Ende des Ahrtals teilt, für den Sermanns optimistischer Zugang so gar nichts Ungewöhnliches ist: „Wir haben hier ein rheinländisches Gemüt. Das ist fröhlich, und manche meinen, auch ein wenig oberflächlich. In Wirklichkeit ist der Rheinländer aber wohl nur besonders gut darin, Negatives zu löschen, um das Positive zu sehen." Wobei das mit dem Löschen des Negativen ein Prozess sein wird, der auch ein rheinländisches Gemüt etwas länger beschäftigen dürfte, als es durch Zuversicht und Packen-wir-es-an-Mentalität derzeit den Anschein erweckt.

Das Landwirtschaftsministerium von Rheinland-Pfalz schätzt den Schaden allein für die Winzer auf 50 Millionen Euro, der Jahrgang 2020 gilt als Komplettverlust, und vielen schwemmte es auch die Fässer mit den Jahrgängen 2017 bis 2019 aus den Kellern. Das tut nicht nur finanziell weh, wie der fränkische Winzer Paul Fürst weiß, der mit seinem ganzen Team an die Ahr gefahren war, um Soforthilfe zu leisten: „Der wirtschaftliche Schaden ist eine Sache, aber das geht ja auch ins Ideelle, ins Kulturelle. Weingüter haben in ihren Kellern auch eine Weinbibliothek mit alten Jahrgängen." So etwas unwiederbringlich zu verlieren, trifft einen Menschen nicht in der Geldbörse, sondern tief in der Seele. Das Ahrtal ist mit einer Anbaufläche von 562 Hektar zwar das drittkleinste Weinbaugebiet Deutschlands, gleichzeitig aber auch das größte zusammenhängende Rotweingebiet des Landes. Etwa 30 Hektar dieser Gesamtfläche wurden durch die Flut im Tal teils metertief weggespült, aber da mehr als die Hälfte der Rebflächen in Steillagen liegt, ist der Schaden in den Weinbergen im Vergleich zu dem in den Kellern, Lagern und Verkaufsräumen relativ gering. Die 1868 gegründete Winzergenossenschaft Mayschoß-Altenahr zum Beispiel meldete an zwei von drei Standorten Totalschaden an den teils historisch bedeutsamen Bauten. Nur in Walporzheim wird es sich mit Entkernung und Renovierung ausgehen, alles andere muss abgerissen werden: „Dazu kommt, dass alle unsere Daten und Akten weggeschwommen sind", erzählt Geschäftsführer Matthias Baltes. „Und damit ist unsere gesamte Verwaltung immer noch sehr rudimentär. Was uns auch besonders trifft, ist der Verlust unserer drei Vinotheken und des gesamten Veranstaltungsbereichs, der nicht mehr existiert."

Ein paar der Nebenerwerbsweinbauern, die ihre Rebstöcke in tieferen Lagen stehen hatten und nun auch diesbezüglich vor dem Nichts stehen, werden wohl das Handtuch werfen und keinen kompletten Neuanfang mehr wagen. Aber die allermeisten anderen haben, wie es VDP-Obmann Marc Adeneuer bezeichnet, „den Kopf aus dem Schlamm gezogen" und sind wieder mit voller Kraft in Richtung Neuanfang unterwegs: „Bei unserem ersten Treffen drei, vier Tage nach der Katastrophe standen lauter völlig paralysierte Menschen vor mir. Aber heute redet hier keiner mehr vom Aufhören – und zwar ganz egal, in welchem Ausmaß ihn das alles getroffen hat."

„Die Winzerkollegen haben der Ahr ihre Zukunft gerettet, und ich weiß gar nicht, wie man jemals allen, die geholfen haben, Danke sagen kann." Matthias Baltes

Einer der ganz wesentlichen Gründe dafür war die ungeheure Solidaritätswelle der Winzer aus ganz Deutschland und darüber hinaus. Hunderte Helferinnen und Helfer waren schon kurz nach der Flut unterwegs an die Ahr, ließen daheim auf den eigenen Weingütern alles liegen und stehen, um die so schwer getroffenen Winzerkollegen zu unterstützen. Caroline Diel vom Schlossgut Diel in Burg Layen war eine von ihnen, und sie wird diese Bilder nie mehr aus dem Kopf bekommen: „Es war einerseits schockierend zu sehen, wie gewaltig die Natur sein kann und wie ein ganzer Ort in kürzester Zeit zerstört werden kann. Und gleichzeitig war es toll und berührend, wie viele Freiwillige sofort zur Stelle waren." Carolin Spanier vom Weingut Battenfeld Spanier in Hohen-Sülzen, deren Mann Hans Oliver ebenfalls spontan zum Helfen ausrückte, ergänzt: „Man denkt in so einem Moment gar nicht nach, was man tun soll, sondern man tut es einfach."

Nicht nur mit Dankesbotschaften verzierte Hausmauern wie etwa im schwer getroffenen Ort Dernau zeigen, wie glücklich man an der Ahr über die spontane Solidarität und Hilfsbereitschaft der Kollegen aus nah und fern war. So mancher der Betroffenen bekommt auch nach Monaten noch feuchte Augen, wenn er an diese Momente vor allem in den ersten harten Tagen zurückdenkt. Matthias Baltes von der Winzergenossenschaft geht sogar so weit zu sagen: „Die Kollegen haben nicht nur uns den Hintern, sondern der Ahr die Zukunft gerettet. Es gab Tage, da waren bis zu 400 Helfer da, und wir mussten drei Leute einstellen, die die Hilfe sinnvoll koordiniert haben. Man kann eine derart große Hilfsbereitschaft wahrscheinlich gar nicht gutmachen, und man weiß auch gar nicht, wie man jemals bei allen, die uns geholfen haben, Danke sagen soll."

Wie die Zukunft an der Ahr aussehen wird, kann derzeit noch niemand genau sagen. Manche, wie Lukas Sermann, denken in diese aber schon ziemlich groß hinein: „Einfach so viel wie möglich wieder aufzustellen, wie es war, bringt uns nicht weiter. Warum zum Beispiel sollten wir uns nicht darauf verständigen, die erste CO_2-freie Weinbauregion Deutschlands zu werden?" Und viele sind sich einig, den in den 1970er-Jahren begonnenen Weg von der Masse zur Klasse jetzt noch konsequenter zu gehen, die Ahr als Genussregion für herausragende Qualitätsweine zu positionieren, was angeführt von Weingütern wie Meyer-Näkel, Jean Stodden oder J.J. Adeneuer schon vor der Katastrophe etlichen gelungen war. Auf die Frage, welche Hilfe abseits der Gelder von Bund, Land, Versicherungen und den zahlreichen Spendenaktionen sinnvoll wäre, haben aber alle dieselbe Antwort: „Die sinnvollste Hilfe ist es, wenn die Menschen zu uns ins Ahrtal kommen und uns nicht vergessen. Und bis wir wieder eine Infrastruktur haben, die es uns ermöglicht, sie als Gäste zu beherbergen und zu verköstigen, können sie ja unsere Weine trinken", sagt Matthias Baltes. Und Lukas Sermann ergänzt: „Die größte Hilfe ist der Tourismus vor Ort. Wir kriegen das hier nicht ganz aufgeräumt in zwei Jahren, aber die Menschen sollen kommen. Nicht, um Elend zu gucken, sondern um mit uns die kleinen Fortschritte zu feiern."

Ja, und dann gibt es noch eine Hilfe, von der die tapferen Winzerinnen und Winzer an der Ahr selbst wahrscheinlich noch gar nicht wissen, dass sie diese brauchen könnten: „Mein Eindruck ist, dass viele die mentale Belastung durch diese Katastrophe noch gar nicht im ganzen Umfang haben hochkommen lassen, weil sie das bisher mit Arbeit erstickt haben", vermutet Winzerkollege und Helfer Paul Fürst.

„Viele sind noch immer im Tunnel, da ist noch so viel Adrenalin. Aber wenn dann in der ruhigen Zeit vieles hochkommt, müssen wir wieder da sein. Halt nicht zum Schlammschaufeln und um im Weinberg zu helfen, sondern als Freunde." Carolin Spanier

Da waren zunächst die gröbsten Aufräumarbeiten, und als die erledigt waren, stand bereits die erste Lese nach der Katastrophe an. Carolin Spanier glaubt: „Diese bewundernswerten Menschen haben bis jetzt einfach nur auf unglaubliche Art weiterfunktioniert. Da sind viele immer noch im Tunnel, da ist noch so viel Adrenalin. Aber wenn die dann um den Weihnachtsbaum sitzen in der einzigen ruhigen Zeit, die wir als Winzer haben, wird viel hochkommen. Und dann müssen wir wieder da sein. Halt nicht zum Schlammschaufeln und um im Weinberg zu helfen, sondern als Freunde." Darauf bereitet sich auch Paul Fürst schon vor: „Die viele Arbeit und die rheinische Frohnatur haben vieles übertüncht. Das habe ich ganz früh in der Woche nach der Flutkatastrophe schon registriert. Man darf ja eines nicht vergessen: Da ist bei vielen die ganze Vergangenheit weg. Briefe, Dokumente, Fotos, alles weggespült. Und wenn dieses Bewusstsein, dass es eine Zeit davor und eine Zeit danach gibt, richtig hochkommt, wird das viel verändern, und dann werden wir wieder unterstützen."

Das wird wohl stimmen, denn wenn man sich so manche Geschichte dieser Nacht vor Augen führt, grenzt es an ein Wunder, dass diese Menschen praktisch ohne Unterbrechung weitergemacht haben. Die Näkel-Schwestern Meike und Dörte zum Beispiel wurden von der Flut mitgerissen, klammerten sich an Treibgut fest und verbrachten schließlich sieben Stunden in einer Baumkrone, ehe sie von der Feuerwehr gerettet wurden. Paul Fürst, auf dessen Weingut Meike einst gelernt hatte, erzählt: „Und jetzt muss man sich das einmal vorstellen: Da saßen die zwei im Baum, umtost von der Flut, und schmiedeten dort schon die ersten Pläne, wie es danach mit dem Weingut weitergehen soll."

Wenn da in der stilleren Zeit noch das eine oder andere hochkommen sollte, würde das genauso wenig überraschen wie bei Lukas Sermann, der dem Hochwasser auch nur denkbar knapp entkommen ist. Weil ihm und seinem Vater das Wasser bereits bis zur Brust stand, kletterten die beiden über einen Gabelstapler zum Fenster eines fremden Hauses hoch, stiegen dort ein, mussten sich bald ins zweite Obergeschoss retten und verbrachten dort, klitschnass und in einen Teppich eingerollt, die Nacht – ohne zu wissen, wie es der Mutter ging, die zwei Häuser weiter unten im Weingut eingeschlossen war, die Horrornacht aber auch unbeschadet überstand. Von solchen Geschichten gibt es etliche an der Ahr, und auch wenn sie gut ausgegangen sind, wird da wohl noch das eine oder andere sickern bei den Betroffenen. Aber die Menschen in diesem Tal und ihre Kollegen im ganzen Land haben gezeigt, dass sie zusammenrücken, wenn es am dringendsten nötig ist. Marc Adeneuer erklärt, warum das so ist: „Wir haben hier eine Katastrophe eines Ausmaßes erlebt, das man sich nicht vorstellen kann. Und dann sind das keine Kollegen oder gar Konkurrenten mehr, sondern Freunde, mit denen du ein Leben lang gearbeitet hast. Und wenn du dann auch selbst dastehst, mit Tränen in den Augen, und glaubst, die Welt bleibt stehen, wird dir schnell einmal eines klar: Du brauchst im Leben kein Pferd, kein Boot oder sonst irgendwas. Du brauchst Freunde, nette Menschen, mit denen du bei einer guten Flasche Wein plaudern kannst. Das ist wichtig. Der Rest ist egal."

Die Gault & Millau Methode

Gault & Millau verkostet seit 2020 ausschließlich blind in Panels mit bis zu sechs Verkostern.
Je nach Region werden die Teams zum einen aus der Stammmannschaft der Verkoster beschickt, zum anderen werden Gäste – Winzer und Experten aus der entsprechenden Gegend – dazugebeten, um der regionalen Typizität der Weine eine starke Stimme zu verleihen.

Verkostet wurde in
ZALTO Denk'Art Universal-Gläsern

HERZLICHEN DANK AN UNSERE PARTNER
ZALTO Glas, Schwabenlandhalle in Fellbach, Drivers & Business Club in München, Weingut Franz Keller in Oberbergen, Weingut von Winning in Deidesheim, Villa Mumm in Eltville, Duale Hochschule Baden-Württemberg in Heilbronn, Kloster Eberbach in Eltville, Hotel Excelsior by Geisel in München

Die Weingüter

Index

Leitung der Verkostungen sowie des Expertenrats Otto Geisel
Executive Publisher Ursula Haslauer
Brand Director Regine Runte
Projektleitung Pia Epp
Berater des Verlags Hans Fink

Chefredakteurin Ursula Macher
Textchef Achim Schneyder
Beraterin Produktion Rebecca Wiederstein, Rakete Content GmbH
Autoren Porträts Titus Arnu *(Weingut Aldinger, Weingut Dönnhoff, Weingut Klaus Peter Keller, Ökonomierat Rebholz, Weingut Robert Weil)*, Wolfgang M. Gran *(Weingut Bernhard Huber, Weingut Egon Müller, Sekthaus Raumland, Zuversicht und Kampfgeist im Tal der Tränen)*, Juan Moreno *(Weingut Joh.Jos.Prüm)*, Achim Schneyder *(Weingut Rudolf Fürst)*
Autoren Wein & Gut Wolfgang M. Gran, Sebastian Hofer
Weitere Autoren Eva Adler, Lukas Gerges, Thomas Hausmann, Jossi Loibl, Astrid Löwenberg, Andreas Lutz, Nina Mann, Jens Pietzonka, Melanie Wagner

Fotografie Joachim Baldauf

Layout und Satz brand unit GmbH, Lehargasse 7, A-1060 Wien
Creative Direction Albert Handler
Art Direction Vanessa Buchschacher
Lithografie Mario Rott
Lektorat Petra Schwaiger

Datenmanagement Sebastian Schäfer, Katharina Weber
Projektmanagement Kerstin Lallinger
Weitere Mitarbeiterin Draga Vukojevic

Anzeigenvermarktung BCN Brand Community Network GmbH, Geschäftsführer Burkhard Graßmann (Sprecher), Michael Samak
Publisher Management Meike Nevermann (Ltg.), Anja Kallmeier

Vertrieb MZV GmbH & Co. KG, 85716 Unterschleißheim, www.mzv.de
Münchner Verlagsgruppe GmbH, Türkenstraße 89, 80799 München
Edition Michael Fischer GmbH, Kistlerhofstraße 709, 81379 München

Printed in Germany by Parzeller print & media GmbH,
Frankfurter Straße 8, 36043 Fulda
Verlag Burda Studios Pictures GmbH,
Arabellastraße 23, 81925 München,
www.burda.com